2024

삼성 제조직무적성검사
490제

삼성적성검사연구소

2024

삼성 제조직무적성검사 490제

인쇄일 2024년 2월 5일 4판 1쇄 인쇄
발행일 2024년 2월 10일 4판 1쇄 발행
등 록 제17-269호
판 권 시스컴2024

발행처 시스컴 출판사
발행인 송인식
지은이 삼성적성검사연구소

ISBN 979-11-6941-317-6 13320
정 가 15,000원

주소 서울시 금천구 가산디지털1로 225, 514호(가산포휴) | **홈페이지** www.nadoogong.com
E-mail siscombooks@naver.com | **전화** 02)866-9311 | **Fax** 02)866-9312

INTRO

삼성 제조직무적성검사는 제조직을 대상으로 실시하는 삼성의 직무적성검사로, 단편적인 지식보다는 주어진 상황에 유연하게 대처하고 해결할 수 있는 종합적인 능력을 평가하는 검사이다.

과거에 우리나라 기업들이 인재를 선발할 때 가장 중요시했던 것은 학력과 성적이었다. 그러나 이를 통해 숨은 인재를 찾기 어렵다고 판단한 기업들은 새로운 방법을 모색하였고, 그 대안으로 떠오른 것이 바로 직무적성검사이다. 직무적성검사는 기업이 사원들에게 근본적으로 요구하는 창의력, 상황 대처 능력, 문제 해결 능력 등을 측정하는 시험이다. 국제화 시대에 점점 치열해져만 가는 기업 간 경쟁에서 기업을 이끌어갈 수 있는 인재를 선발하기 위해서는 단편적인 지식 유무를 측정하는 것만으로는 부족하다는 기업들의 인식과 맞물려, 직무적성검사는 점점 확산되고 있는 추세이다.

본 교재는 최근 몇 년간의 시험 출제 경향과 문제 유형을 분석한 것을 토대로, 수험생들이 반드시 공부해야 할 문제들을 선별·수록하였다. 기본계산 영역, 주의집중 영역, 시각지각 영역, 이해력 영역, 순서추론 영역, 유추추론 영역, 신체반응 영역의 7개 영역으로 나누었고, 각 영역마다 다양한 문제를 실어 실제 시험에 충분하게 대비할 수 있도록 구성하였다.

삼성 제조직무적성검사는 비교적 난이도가 낮은 쉬운 문제들로 구성되어 있다. 하지만 난이도가 낮더라도 미리 준비하지 않는다면 실제 시험 상황에서 당황할 수 있으니 미리 문제 유형을 파악하고 충분하게 연습해야 한다. 특히 문제가 쉬운 만큼 실수 없이 짧은 시간 동안 정확하게 문제를 푸는 연습이 필요하다.

예상치 못한 코로나로 인해 삼성 제조직무적성검사도 변화를 겪었다. 바로 오프라인 시험에서 온라인 시험으로 전환된 것이다. 변화된 온라인 시험으로 혼란스러워 할 수험생들이 이 책으로 시험을 충분히 대비하고 마음을 다잡아 어려운 시기를 극복하고 취업에 한 발짝 내딛을 수 있기를 진심으로 바란다.

삼성적성검사연구소

01 경영철학과 목표

1. 인재와 기술을 바탕으로
- 인재육성과 기술우위 확보를 경영의 원칙으로 삼는다.
- 인재와 기술의 조화를 통하여 경영전반의 시너지 효과를 증대한다.

2. 최고의 제품과 서비스를 창출하여
- 고객에게 최고의 만족을 줄 수 있는 제품과 서비스를 창출한다.
- 동종업계에서 세계 1군의 위치를 확보한다.

3. 인류사회에 공헌
- 인류의 공동이익과 풍요로운 삶을 위해 기여한다.
- 인류공동체 일원으로서의 사명을 다한다.

02 핵심가치

1. 인재제일
'기업은 사람이다'라는 신념을 바탕으로 인재를 소중히 여기고 마음껏 능력을 발휘할 수 있는 기회의 장을 만들어 간다.

2. 최고지향
끊임없는 열정과 도전정신으로 모든 면에서 세계 최고가 되기 위해 최선을 다한다.

3. 변화선도
변화하지 않으면 살아남을 수 없다는 위기의식을 가지고 신속하고 주도적으로 변화와 혁신을 실행한다.

4. 정도경영

곧은 마음과 진실되고 바른 행동으로 명예와 품위를 지키며 모든 일에 있어서 항상 정도를 추구한다.

5. 상생추구

우리는 사회의 일원으로서 더불어 살아간다는 마음을 가지고 지역사회, 국가, 인류의 공동 번영을 위해 노력한다.

03 인재상

We invite global talent of diverse backgrounds.
삼성은 학력, 성별, 국적, 종교를 차별하지 않고 미래를 이끌어 나갈 인재와 함께한다.

1. Passion 열정

We have an unyielding passion to be the best.
끊임없는 열정으로 미래에 도전하는 인재

2. Creativity 창의혁신

We pursue innovation creative ideas for a better future.
창의와 혁신으로 세상을 변화시키는 인재

3. Integrity 인간미·도덕성

We act responsibly as a corporate citizen with honesty and fairness.
정직과 바른 행동으로 역할과 책임을 다하는 인재

1. 채용프로세스

삼성은 '함께 가는 열린 채용'을 통해 학력, 연령, 성별 구분 없이 우수한 인재를 선발하고 있다.

2. 채용안내

(1) 모집시기

신입사원 공개채용은 연 1~2회 공채 및 수시 채용을 한다.

(2) 지원자격

- 고등학교 졸업 이상의 학력을 보유한 자 또는 고등학교 졸업예정자
- 군복무 중인 자는 당해 연도 전역 가능한 자
- 해외여행에 결격사유가 없는 자

(3) 지원방법

- 삼성 채용 홈페이지(http://www.samsungcareers.com/SEC)에 로그인하여 해당 공고를 선택한 후 지원서를 작성한다.
- 지원서는 삼성채용 홈페이지를 통해 접수하며, 그 외의 개별접수는 받지 않는다.

3. 제조직무적성검사 시험 구성

기본계산/주의집중/시각지각/이해력/순서추론/유추추론/신체반응 문제로 구성되며 문제의 난이도가 높다기보다는 주어진 시간(15분) 안에 최대한 많은 문제를 빠르고 정확하게 풀어내는 능력을 측정하는 시험이다. 일반능력과 지적능력, 사고력, 생각의 유연성과 창의력, 순발력 등 직무를 수행하는 데 있어 필요한 능력들을 평가하는 데에 중점을 둔다.

4. 채용전형절차

(1) 지원서 접수

    기본 인적사항, 학업 이수내용, 경험/자격 등 작성 후 제출

    ※ 삼성 채용 홈페이지(http://www.samsungcareers.com)를 통해 접수

    ※ 채용절차는 상황에 따라 변동될 수 있으므로 반드시 실제 채용공고 확인 필요

(2) 서류전형

    지원서 제출 정보를 바탕으로 직무수행역량을 평가

(3) 제조직무적성검사

    제조 직무 수행 시 필요한 능력 평가

(4) 면접전형

    인성면접 실시(기술 직군 지원자에 한해 기술 면접도 실시)

(5) 채용 건강검진

    건강검진 합격자에 한해 최종 합격 및 입사 가능

(6) 최종합격

1. 기본계산 영역

기본계산 영역은 덧셈·뺄셈·곱셈·나눗셈을 이용하여 간단하게 계산하는 문제 유형이 출제된다.

$$7,895 - 2,027 + 1,216$$

① 7,074   ② 7,084   ③ 7,094   ④ 7,104

$$1^2 + 2^2 + 3^2 + 4^2 + 5^2 + 11^2 + 12^2 - 15^2$$

① 75   ② 85   ③ 95   ④ 105

2. 주의집중 영역

주의집중 영역은 제시된 도형과 일치하는 도형을 찾거나 제시된 도형들 중에서 다른 도형 하나를 찾는 문제가 출제된다.

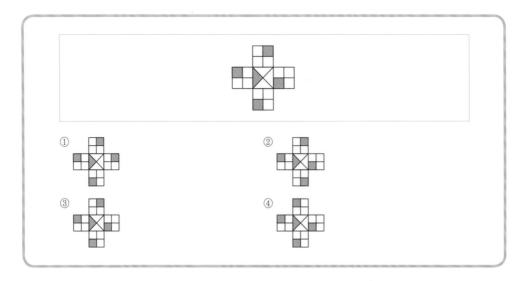

3. 시각지각 영역

시각지각 영역은 여러 조각들로 이루어진 그림에서 포함된 조각 혹은 포함되지 않은 조각을 묻는 문제가 출제된다.

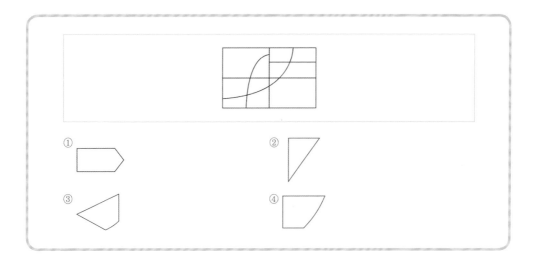

4. 이해력 영역

이해력 영역은 형태 추리력을 판단하는 영역으로, 그림을 여러 각도로 회전하고 상하·좌우로 반전했을 때의 모양을 추측하는 문제가 출제된다.

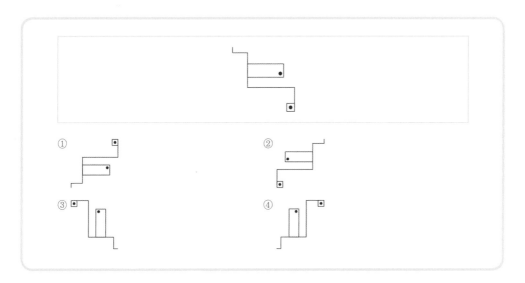

5. 순서추론 영역

순서추론 영역은 보기에 나열된 문자와 기호를 보고 빠른 시간 내에 파악하여 문제에 제시된 문자와 기호가 몇 번째 순서에 있는지 알아내는 문제가 출제된다.

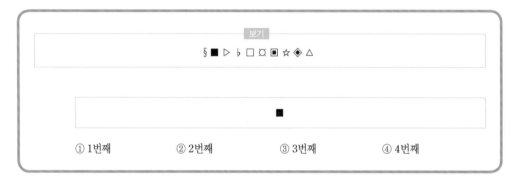

6. 유추추론 영역

유추추론 영역은 등차 · 등비 · 피보나치 수열 혹은 일정한 규칙성을 지닌 수열 등 여러 수열의 규칙성을 파악하여 빈칸에 들어갈 숫자와 문자를 추론하는 문제가 출제된다.

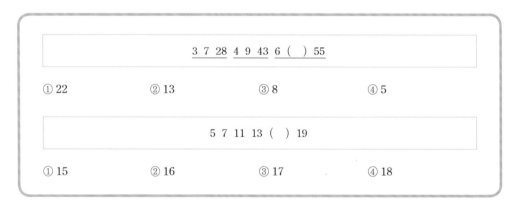

7. 신체반응 영역

신체반응 영역은 주어진 조건에 따라 문자의 무게를 비교하여 추리하는 문제가 출제된다.

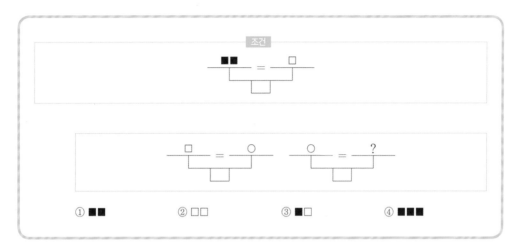

8. 인성검사의 개요 및 인성검사 모의연습

성품, 인품, 성격 등의 인성을 평가하여 지원자가 삼성에 적합한 인재인지를 평가하는 검사로, 질문을 읽고 자신의 생각이나 성격, 가치관에 맞는 것을 고르는 문제로 구성된다.

다음 질문을 읽고, ①~⑤ 중 자신에게 해당하는 것을 고르시오(① 전혀 그렇지 않다, ② 약간 그렇지 않다, ③ 보통이다, ④ 약간 그렇다, ⑤ 매우 그렇다).

	전혀 그렇지 않다	약간 그렇지 않다	보통이다	약간 그렇다	매우 그렇다
01 여러 사람 앞에서 이야기하는 것을 좋아하지 않는다.	①	②	③	④	⑤
02 낯가림이 심해서 처음 만난 사람과 금방 친해지지 못한다.	①	②	③	④	⑤
03 행동이 조심스럽고 조용한 편이다.	①	②	③	④	⑤
04 일을 추진하는 데 있어서 소극적이다.	①	②	③	④	⑤
05 의사를 당장 결정하지 못하고 시간이 걸린다.	①	②	③	④	⑤

영역 소개

제조직무적성검사의 각 영역에 대해 간략하게 설명하여 문제 유형과 출제 경향을 쉽게 파악할 수 있도록 구성하였다.

유형별 문제

최근 몇 년간의 시험 출제 경향을 분석하여 문제를 구성하였으며, 각 유형별로 출제 비중을 고려하여 문제를 수록하여 시험에 충분히 대비할 수 있도록 하였다.

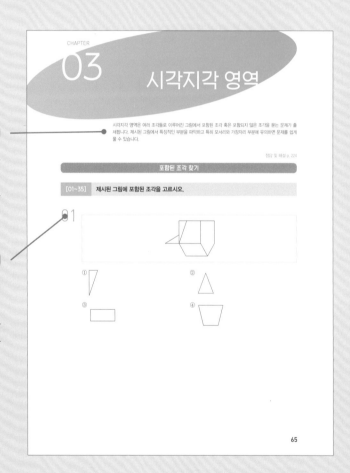

빠른 정답 표기를 통해 빠르게 채점하고, 해설을 통해 다시 한 번 확인할 수 있도록 하였다.

핵심정리

문제 풀이를 도와줄 수 있는 공식과 시험에 꼭 출제되는 핵심 이론을 수록하여 학습 효과를 높였다.

효율적인 학습이 가능한 학습계획표를 활용해보세요!

영역	학습 날짜	학습 시간	오답 수	오답노트
기본계산 영역				
주의집중 영역				
시각지각 영역				
이해력 영역				
순서추론 영역				
유추추론 영역				
신체반응 영역				

SISCOM Special Information Service Company
독자분들께 특별한 정보를 제공하고자 노력하는 마음

제조직무
적성검사

01

기본계산 영역

기본계산 영역은 덧셈·뺄셈·곱셈·나눗셈을 이용하여 간단하게 계산하는 문제 유형이 출제되고 있습니다. 기본계산 영역의 순서와 규칙을 파악하고 정수뿐만 아니라 소수와 분수 등 다양한 형태의 문제를 접하는 것이 중요합니다.

정답 및 해설 p. 218

기본계산 영역

[01~20] 다음 계산에 대한 알맞은 답을 고르시오.

01

$$13+29$$

① 22　　　　② 32　　　　③ 42　　　　④ 52

02

$$35+81$$

① 111　　　　② 116　　　　③ 121　　　　④ 126

03

$$23+48+1$$

① 70　　　　② 72　　　　③ 80　　　　④ 82

04

$$33+41-12$$

① 62   ② 64   ③ 68   ④ 70

05

$$2\times27+54$$

① 88   ② 98   ③ 100   ④ 108

06

$$35+24\times2$$

① 83   ② 95   ③ 107   ④ 119

07

$$32\div4+5\times7$$

① 11   ② 22   ③ 33   ④ 43

08

$$100-30\div10\times5$$

① 1   ② 25   ③ 85   ④ 475

09

$$27 \div 9 - 9 + 3 \times 5$$

① 9   ② 10   ③ 11   ④ 12

10

$$1 + 2 + 3 + 4 + 5 + 6 + 7 + 8 + 9 + 10$$

① 45   ② 50   ③ 55   ④ 60

11

$$19 + 92 + 12 + 16 - 127$$

① 10   ② 12   ③ 14   ④ 16

12

$$45 \times 42 \div 25 \times 5$$

① 364   ② 368   ③ 374   ④ 378

13

$$(12 + 15) \div 3 + 32$$

① 41   ② 51   ③ 61   ④ 71

14

$$2 \times (49 + 49 + 49)$$

① 206　　　② 294　　　③ 304　　　④ 392

15

$$(288 \div 18) - 101 + 8 \times 31$$

① 169　　　② 166　　　③ 163　　　④ 160

16

$$504 \div 14 + 325 \div 25$$

① 34　　　② 39　　　③ 44　　　④ 49

17

$$120 - 224 \div 16 - (8 \times 12)$$

① 7　　　② 8　　　③ 9　　　④ 10

18

$$28 \times 51 + 72$$

① 1,400　　　② 1,450　　　③ 1,500　　　④ 1,550

19

$$7{,}895 - 2{,}027 + 1{,}216$$

① 7,074 ② 7,084 ③ 7,094 ④ 7,104

20

$$2{,}022 + 2{,}023 \times 2 - 2{,}024 \div 11$$

① 5,884 ② 5,774 ③ 4,885 ④ 4,775

[21~40] 다음 계산에 대한 알맞은 답을 고르시오.

21

$$1^2 + 2^2 + 3^2 + 4^2 + 5^2 + 11^2 + 12^2 - 15^2$$

① 75 ② 85 ③ 95 ④ 105

22

$$1^2 - 2^2 + 3^2 - 4^2 + 5^2 - 6^2 + 7^2$$

① 25 ② 26 ③ 27 ④ 28

23

$$1^3 + 2^3 + 3^3 + 4^3 + 5^3 + 6^3 + 7^3$$

① 784 ② 794 ③ 804 ④ 814

24

$$1^3 - 2^3 + 3^3 - 4^3 + 5^3 - 6^3 + 7^3$$

① 218   ② 208   ③ 198   ④ 188

25

$$7 \times 7 + 2 \times 7 + 1$$

① 54   ② 64   ③ 74   ④ 84

26

$$1296 \div 6 \div 6 - 625 \div 5 \div 5 + 16 \div 4 - 3$$

① 12   ② 14   ③ 16   ④ 18

27

$$1 + 2 - 3 + 5 - 8 + 13 - 21 + 34 - 55 \times 0$$

① 0   ② 7   ③ 19   ④ 23

28

$$(5^3 - 1) \div 2$$

① 58   ② 60   ③ 62   ④ 64

29

$$(500 \div 25 - 19) + 27 \times 0 - 11 + 2 \times 5$$

① 3　　　　② 2　　　　③ 1　　　　④ 0

30

$$25.6 + 48.2 - 8.1$$

① 64.7　　　② 65.7　　　③ 66.7　　　④ 67.7

31

$$25.3 \times 3 + 4.9$$

① 80.8　　　② 81.3　　　③ 81.8　　　④ 82.3

32

$$91 \div 2 + 2.6 \times 12$$

① 74.7　　　② 75.7　　　③ 76.7　　　④ 77.7

33

$$192 \div 0.6 - 126 \times 1.8$$

① 93.2　　　② 95.2　　　③ 97.2　　　④ 99.2

34

$$-5\times4+330\div4$$

① 60.25　　　　② 60.5　　　　③ 62.25　　　　④ 62.5

35

$$0.14\times70+(-22)\times11$$

① −231.1　　　　② −231.2　　　　③ −232.2　　　　④ −233.3

36

$$75\div5-555$$

① −550　　　　② −540　　　　③ −530　　　　④ −520

37

$$1,111\times2\div4$$

① 55.5　　　　② 505.5　　　　③ 550.5　　　　④ 555.5

38

$$20.25\times111-450\div2+(-7.5)\times0.1$$

① 2,022　　　　② 2,023　　　　③ 2,024　　　　④ 2,025

39

$$4^3 \div 2 + 0.4 \times 45 \times 2 - 2.6 \times 5$$

① 45　　　　　② 50　　　　　③ 55　　　　　④ 60

40

$$480 \times 0.7 + 240 \times 0.6 + 510 \div 17 - 20$$

① 480　　　　　② 490　　　　　③ 500　　　　　④ 510

41 다음의 계산값이 가장 큰 것을 고르시오.

① 29+48　　　　② 26+45　　　　③ 82-11　　　　④ 32+46

42 다음의 계산값이 가장 큰 것을 고르시오.

① 5.8×5　　　　② 26÷2+15　　　③ 3×8+4　　　④ 2×9+9

43 다음의 계산값이 가장 큰 것을 고르시오.

① 0.2×8+11.2　　② 6.8÷0.5　　　③ 2.2×7-2　　　④ 8+1.3×4

44 다음의 계산값이 가장 큰 것을 고르시오.

① $3 \times 2 \times 4 \times 5$　　② 7×20　　③ 2×73　　④ 24×6

45 다음의 계산값이 가장 큰 것을 고르시오.

① $1+3+5+7+9+11$　　② $2+4+6+8+10+12$
③ $3+6+9+12$　　④ $13+23$

46 다음의 계산값이 가장 작은 것을 고르시오.

① $110 \times 9 - 20$　　② $130 \times 8 - 30$　　③ $150 \times 7 - 40$　　④ $180 \times 6 - 50$

47 다음의 계산값이 가장 작은 것을 고르시오.

① $1.2 + 9 \times 0.1$　　② $0.9 + 11 \times 0.2$　　③ $1.1 + 0.9$　　④ $0.2 + 19 \times 0.1$

48 다음의 계산값이 가장 작은 것을 고르시오.

① $2,022 - 2,019$　　② $2,017 - 2,013$　　③ $2,011 - 2,002$　　④ $1,992 - 1,999$

49 다음의 계산값이 가장 작은 것을 고르시오.

① $159 \times 3 + 2.6$　　② $457 \div 4 + 13 \times 30$　　③ $1,438 - 453 \div 5$　　④ $215.3 + 265$

50 다음의 계산값이 가장 작은 것을 고르시오.

① $1,900 \times 0.6 - 20$ ② 456×2 ③ 91×9 ④ $1,630 \div 2 \times 0 + 72$

[51~70] 다음 계산에 대한 알맞은 답을 고르시오.

51

$$\frac{3}{4} \times \frac{7}{8} \div 3 + \frac{1}{6}$$

① $\dfrac{17}{72}$ ② $\dfrac{37}{96}$ ③ $\dfrac{47}{104}$ ④ $\dfrac{51}{112}$

52

$$1^2 + 2^2 + 3^2 - 11^2 - 12^2 - 13^2$$

① 420 ② 210 ③ -210 ④ -420

53

$$11 \div 5 + \frac{1}{2} \times 2.5$$

① $\dfrac{39}{20}$ ② $\dfrac{49}{20}$ ③ $\dfrac{59}{20}$ ④ $\dfrac{69}{20}$

54

$$\frac{7}{4} \times \frac{5}{14} \div \frac{9}{10} - \frac{1}{2}$$

① $\frac{7}{36}$　　　　② $\frac{1}{4}$　　　　③ $\frac{11}{36}$　　　　④ $\frac{13}{36}$

55

$$6 \times (-1) + \frac{3}{5}$$

① -5　　　　② $-\frac{26}{5}$　　　　③ $-\frac{27}{5}$　　　　④ $-\frac{28}{5}$

56

$$3.25 \div \frac{1}{3} - 1.5 \times 5.2$$

① 1.65　　　　② 1.75　　　　③ 1.85　　　　④ 1.95

57

$$\frac{3}{4} \times \frac{4}{5} \times \frac{5}{6} \times \frac{6}{7} + \frac{1}{4} \div \frac{1}{5} \div \frac{1}{6}$$

① $\frac{105}{14}$　　　　② $\frac{107}{14}$　　　　③ $\frac{109}{14}$　　　　④ $\frac{111}{14}$

58

$$\frac{1}{3}+\frac{1}{4}\div\frac{3}{4}\times\frac{2}{3}$$

① $\frac{4}{9}$　　　② $\frac{5}{9}$　　　③ $\frac{2}{3}$　　　④ $\frac{7}{9}$

59

$$\frac{3}{4}\times\left(\frac{1}{2}+\frac{1}{12}\right)\div 3$$

① $\frac{13}{48}$　　　② $\frac{11}{48}$　　　③ $\frac{3}{16}$　　　④ $\frac{7}{48}$

60

$$(44^2-33^2)\div 11$$

① 55　　　② 66　　　③ 77　　　④ 88

61

$$\left(\frac{2}{5}+\frac{8}{5}\right)^2-100$$

① -90　　　② -92　　　③ -94　　　④ -96

62

$$3.3 \times 3 + 4.4 \times 4 + 5.5 \times 5$$

① 33　　　　② 44　　　　③ 55　　　　④ 66

63

$$\frac{3}{4} \times \frac{6}{14} \div \frac{9}{10} - \frac{1}{2}$$

① $-\frac{1}{7}$　　　② $-\frac{1}{4}$　　　③ $\frac{1}{7}$　　　④ $\frac{1}{4}$

64

$$7 \times (-2) + \frac{3}{4}$$

① $-\frac{51}{4}$　　　② $-\frac{52}{4}$　　　③ $-\frac{53}{4}$　　　④ $-\frac{54}{4}$

65

$$\frac{1}{3} + \frac{1}{4} \div \frac{3}{4}$$

① $\frac{1}{3}$　　　② $\frac{2}{3}$　　　③ $\frac{1}{4}$　　　④ $\frac{3}{4}$

66

$$\frac{4}{5} \times \left(\frac{1}{4} + \frac{1}{3}\right) \div 2$$

① $\frac{5}{48}$　　② $\frac{7}{48}$　　③ $\frac{1}{30}$　　④ $\frac{7}{30}$

67

$$(1,000,000 - 9,990) \div 5$$

① 198,000　　② 198,002　　③ 198,004　　④ 198,006

68

$$39.4 \times 13.2 - 15.4$$

① 404.32　　② 408.48　　③ 504.68　　④ 520.08

69

$$42.5 \times 12.8 - 13.2$$

① 152.4　　② 325.8　　③ 426.4　　④ 530.8

70

$$33.3 \times 12.8 - 42.8$$

① 286.44　　② 301.46　　③ 383.44　　④ 425.93

02

주의집중 영역

주의집중 영역은 제시된 도형과 일치하는 도형을 찾거나 제시된 도형들 중에서 다른 도형 하나를 찾는 문제가 출제됩니다. 도형의 특징적인 요소를 파악해야 하고, 더 나아가 도형을 회전했을 때의 모양을 추측하는 것이 중요합니다.

정답 및 해설 p. 221

같은 도형 찾기

[01~35] 다음 제시된 도형과 같은 것을 고르시오.(단 도형은 회전이 가능하다.)

01

① 　　　　②

③ 　　　　④

02

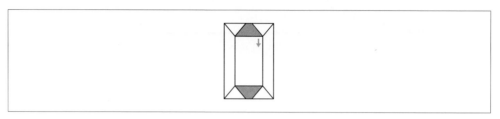

① 　　　　②

③ 　　　　④

03

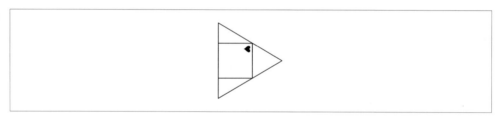

① 　　　　②

③ 　　　　④

04

①   ②

③   ④

05

①   ②

③   ④

06

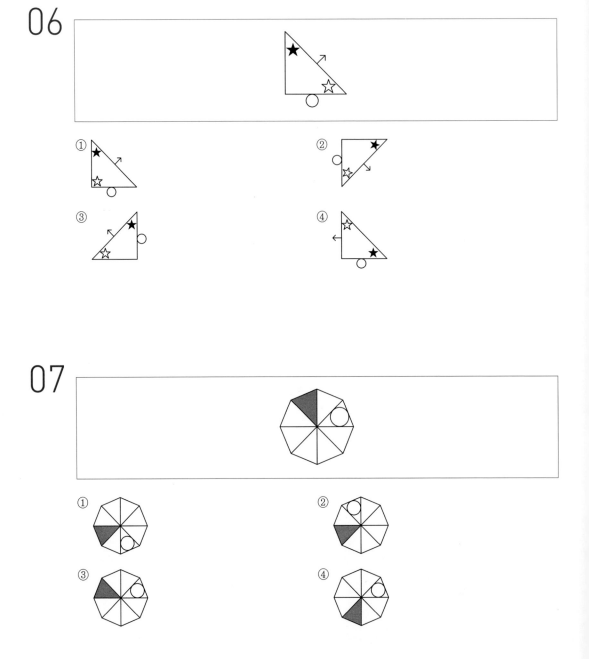

① ② ③ ④

07

08

①

②

③

④

09

①

②

③

④

10

①

②

③

④

11

①

②

③

④

12

① 　　②

③ 　　④

13

① 　　②

③ 　　④

14

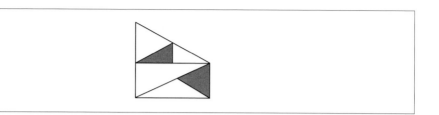

①

②

③

④

15

①

②

③

④

16

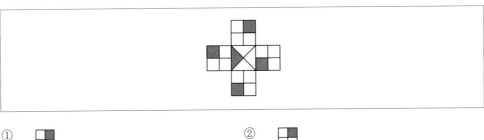

①

②

③

④

17

①

②

③

④

18

① 　　　②

③ 　　　④

19

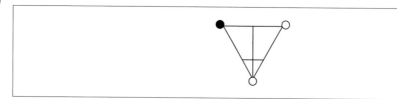

① 　　　②

③ 　　　④

20

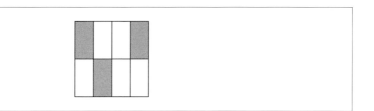

①

②

③ (below ①)

④

21

①

②

③

④

22

①   ②

③   ④

23

①   ②

③   ④

24

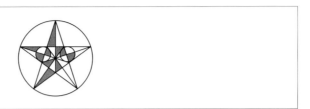

①

②

③

④

25

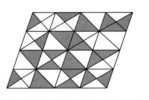

①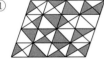

②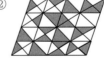

③

④

26

① ②

③ ④

27

① ②

③ ④

28

①

②

③

④

29

①

②

③

④

30

①   ②

③   ④

31

①   ②

③   ④

32

①

②

③

④

33

①

②

③

④

34

① 　　②

③ 　　④

35

① 　　②

③ 　　④

다른 도형 찾기

제시된 도형들 중에서 다른 것을 고르시오.(단 도형은 회전이 가능하다.)

36

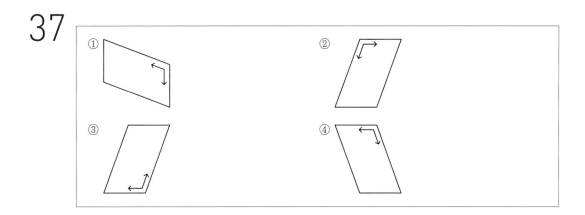

37

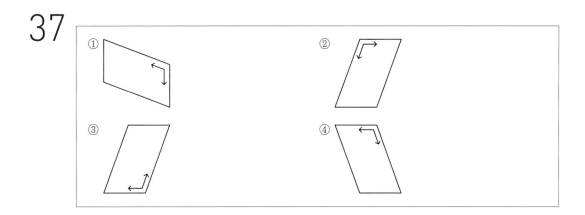

38

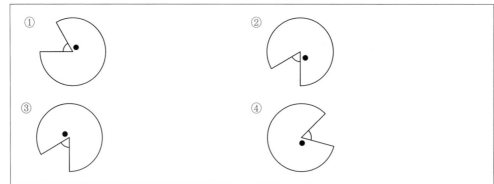

39

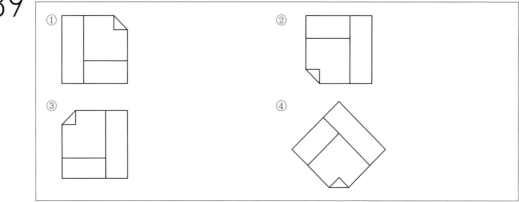

40

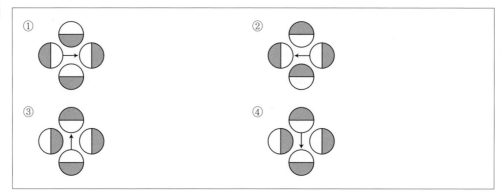

41

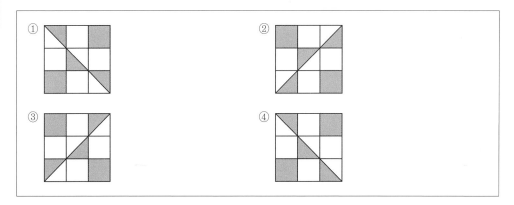

42

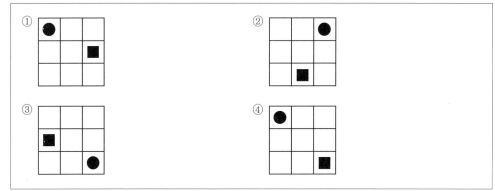

43

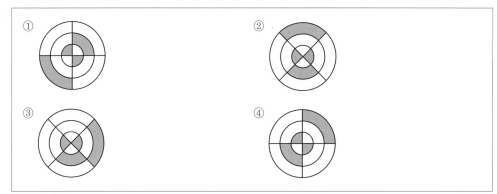

44

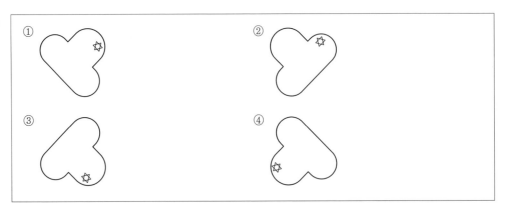

45

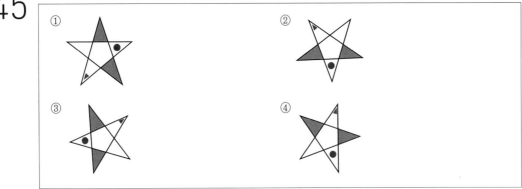

46

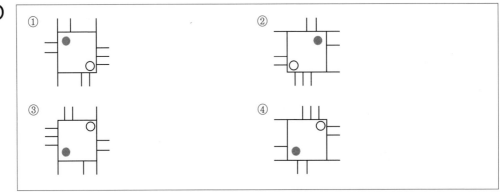

47

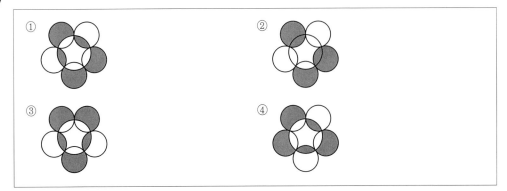

48

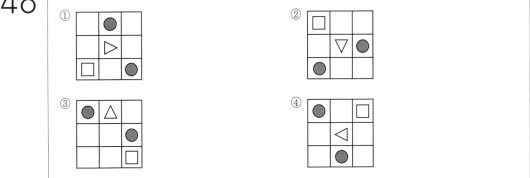

49

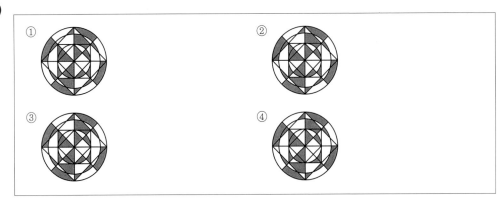

50

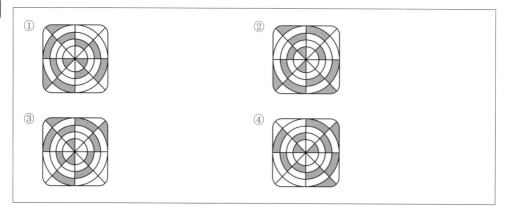

51

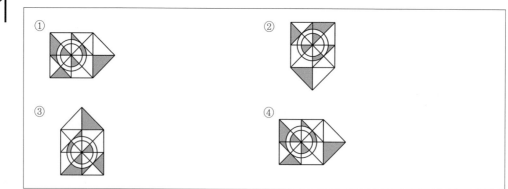

52

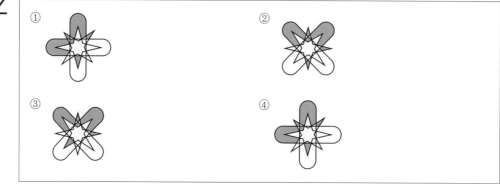

53

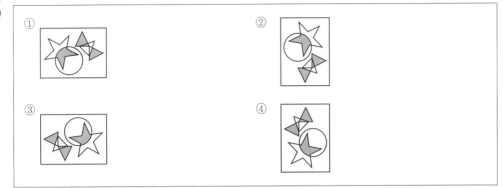

54

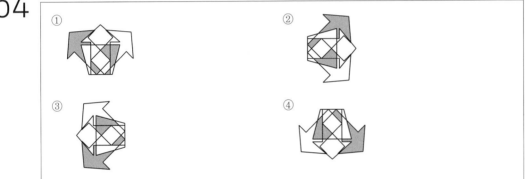

55

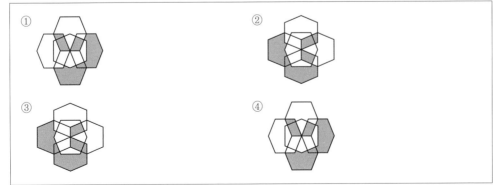

56

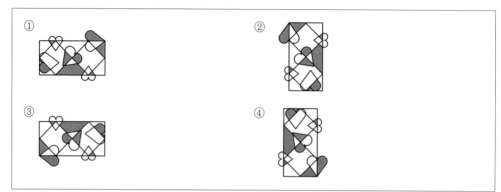

57

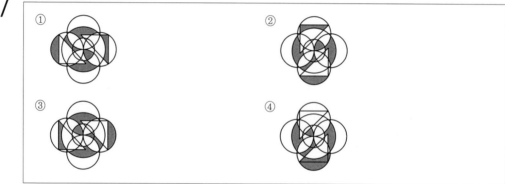

58

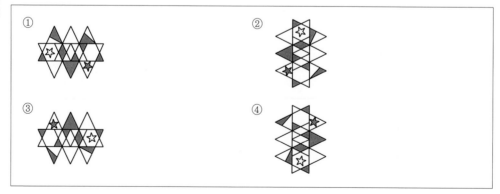

59

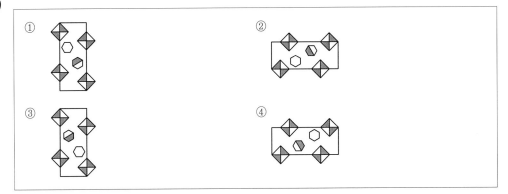

60

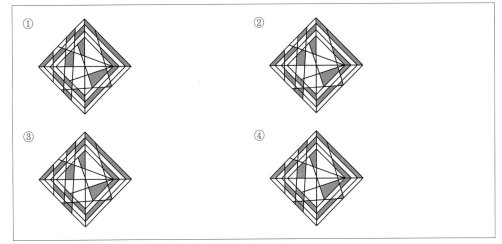

61

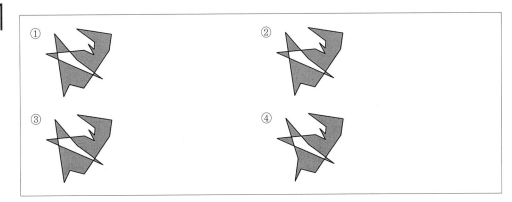

62

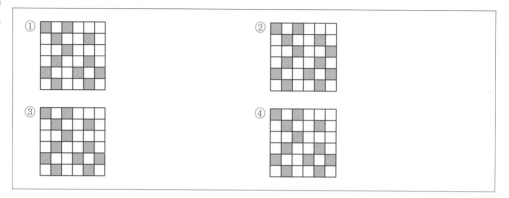

63

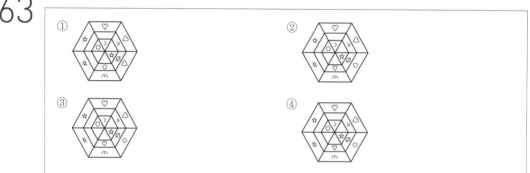

64

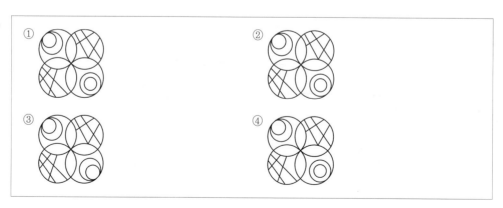

65

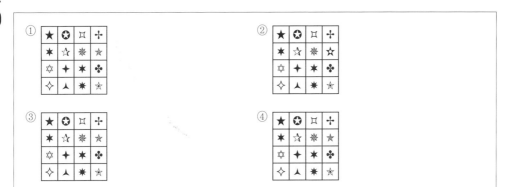

66

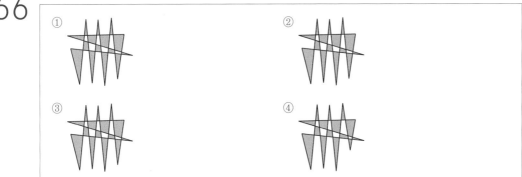

67

68

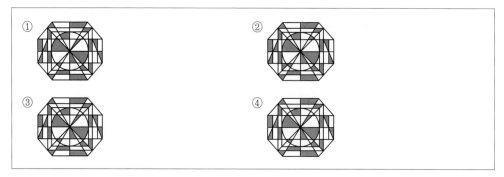

69

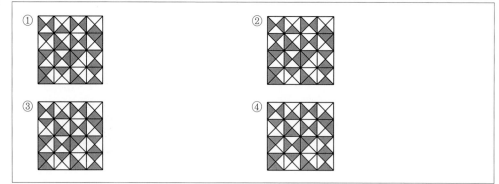

70

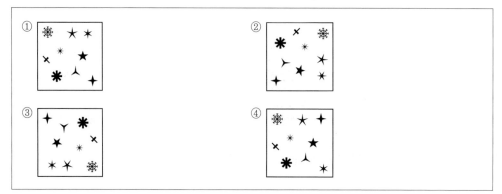

03 시각지각 영역

시각지각 영역은 여러 조각들로 이루어진 그림에서 포함된 조각 혹은 포함되지 않은 조각을 묻는 문제가 출제됩니다. 제시된 그림에서 특징적인 부분을 파악하고 특히 모서리와 가장자리 부분에 유의하면 문제를 쉽게 풀 수 있습니다.

정답 및 해설 p. 224

포함된 조각 찾기

[01~35] 제시된 그림에 포함된 조각을 고르시오.

01

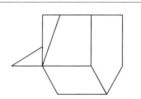

①

②

③

④

02

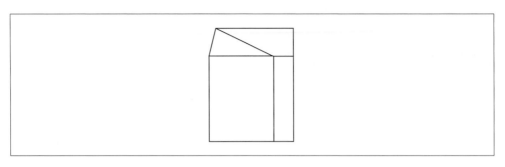

① ② ③ ④

03

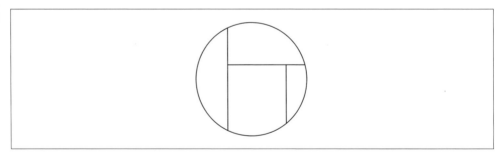

① ② ③ ④

04

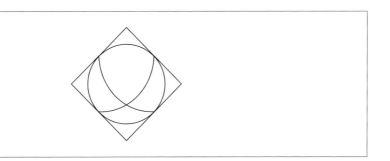

①

②

③

④

05

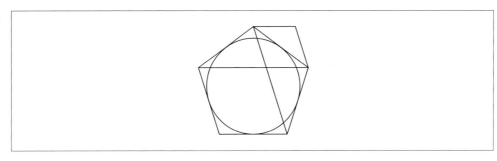

①

②

③

④

06

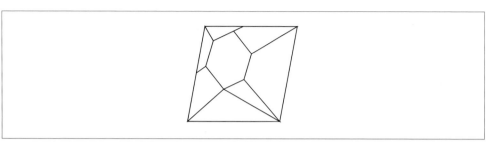

① ② ③ ④

07

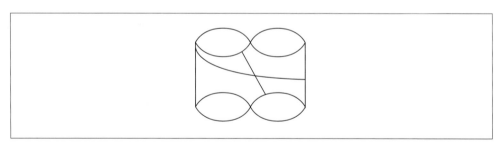

① ② ③ ④

08

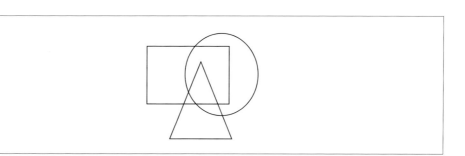

①

②

③

④

09

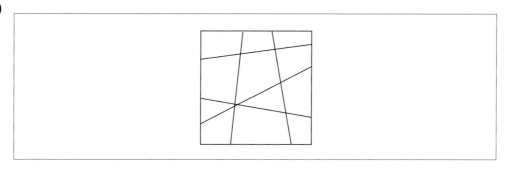

①

②

③

④

10

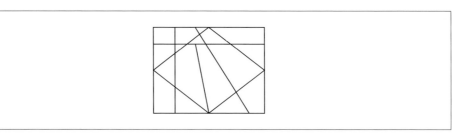

①   ②

③   ④

11

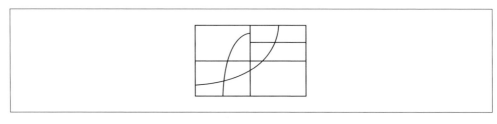

①   ②

③   ④

12

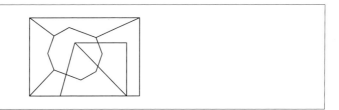

①   ②

③   ④

13

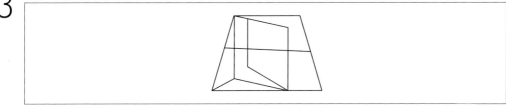

①   ②

③   ④

14

① ②

③ ④

15

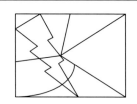

① ②

③ ④

16

① 　　　②

③ 　　　④

17

① 　　　②

③ 　　　④

18

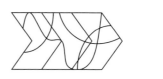

① 　　　②

③ 　　　④

19

① 　　　②

③ 　　　④

20

① ② ③ ④

21

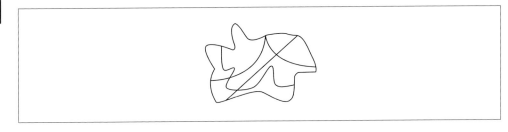

① ②

③ ④

22

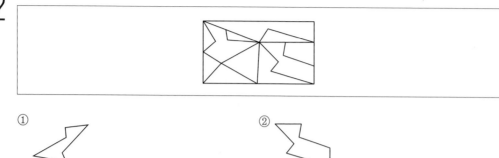

① 　②

③ 　④

23

① 　②

③ 　④

24

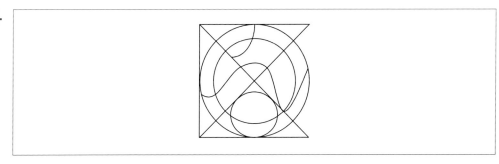

① ②

③ ④

25

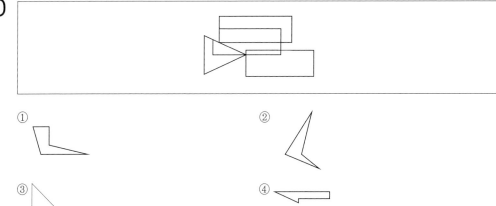

① ②

③ ④

26

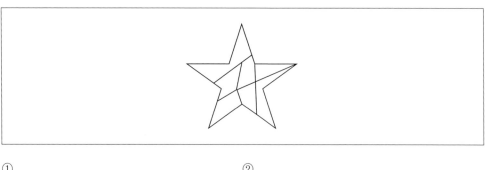

①   ②

③   ④

27

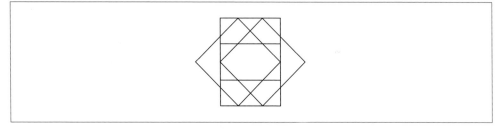

①   ②

③   ④

28

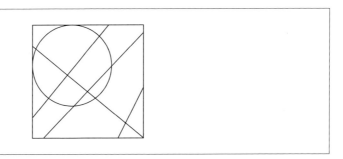

①   ②

③   ④

29

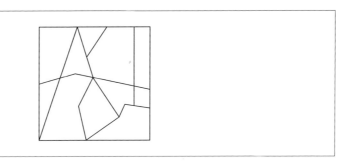

①   ②

③   ④

30

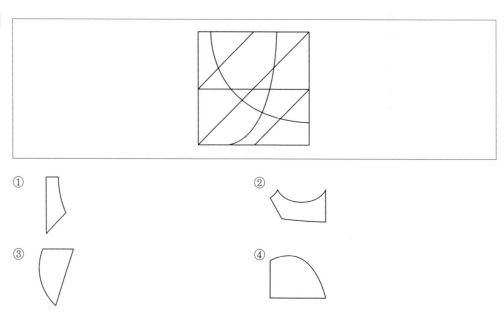

① ② ③ ④

31

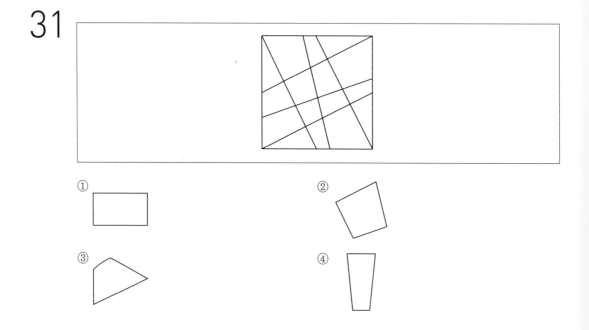

① ② ③ ④

32

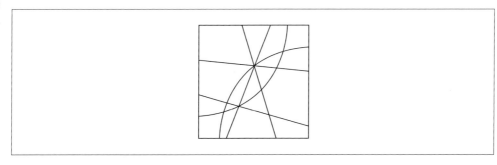

① ②

③ ④

33

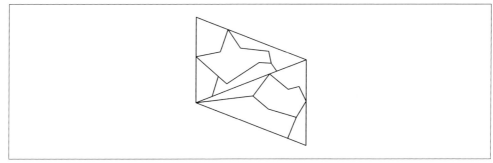

① ②

③ ④

34

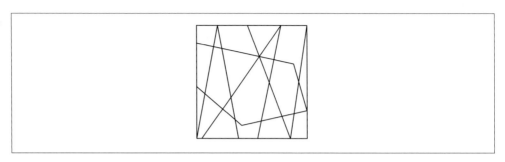

①

②

③

④

35

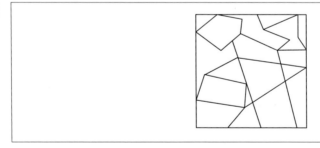

①

②

③

④

포함되지 않은 조각 찾기

[36~70] 제시된 그림에 포함되지 않은 조각을 고르시오.

36

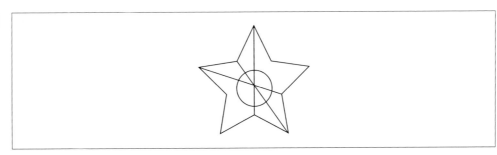

① 　　　②

③ 　　　④

37

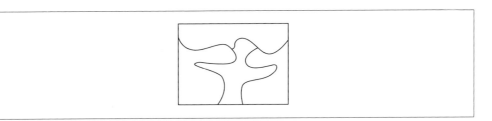

① 　　　②

③ 　　　④

38

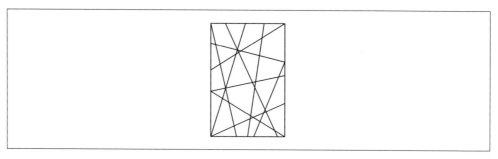

①

②

③

④

39

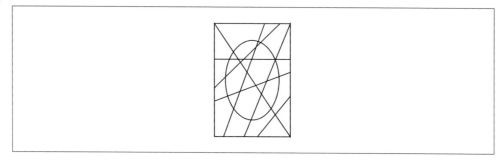

①

②

③

④

40

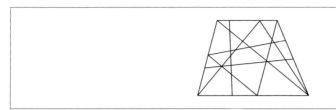

①   ②

③   ④

41

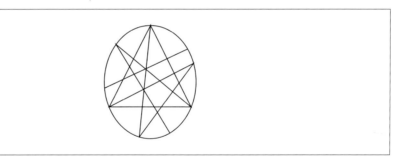

①   ②

③   ④

42

①

②

③

④

43

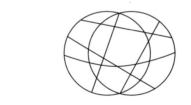

①

②

③

④

44

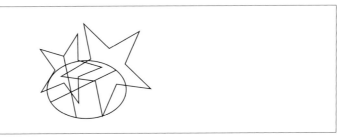

①

②

③

④

45

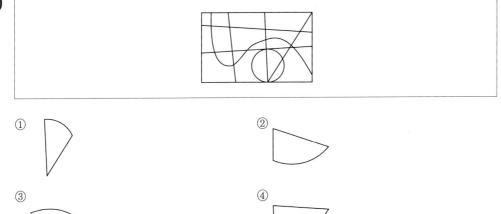

①

②

③

④

46

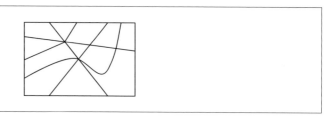

① ② ③ ④

47

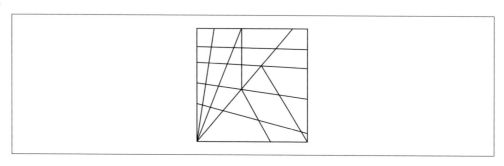

① ② ③ ④

48

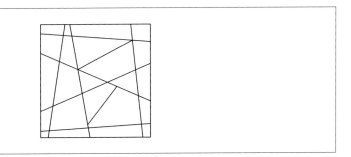

①

②

③

④

49

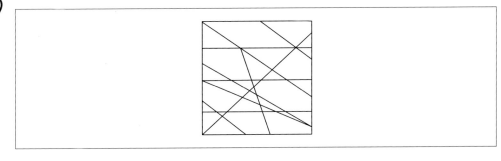

① ②

③ ④

50

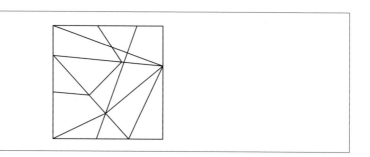

①

②

③

④

51

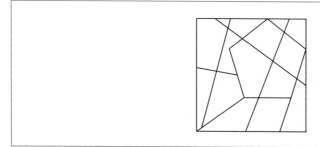

①

②

③

④

52

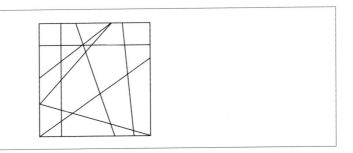

①

②

③

④

53

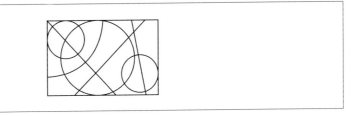

①

②

③

④

54

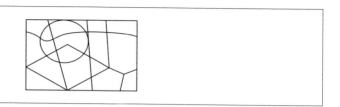

①   ②

③   ④

55

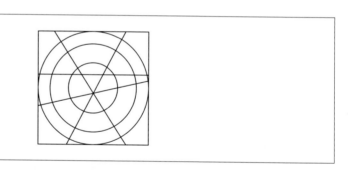

①   ②

③   ④

56

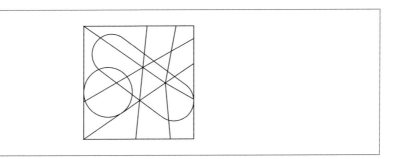

①

②

③

④

57

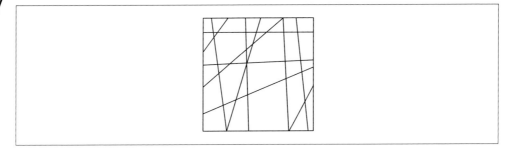

①

②

③

④

58

①

②

③

④

59

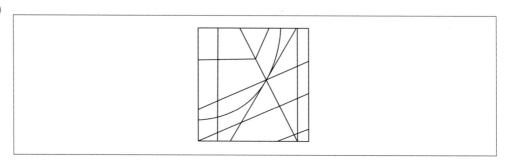

①

②

③

④

60

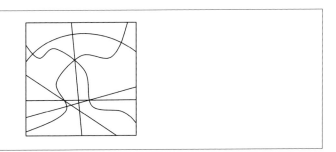

①

②

③

④

61

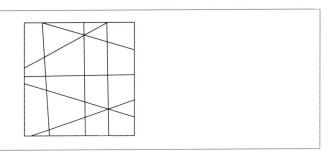

①

②

③

④

62

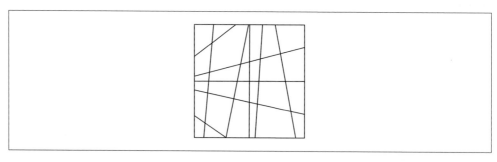

①

②

③

④

63

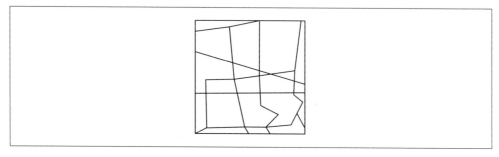

①

②

③

④

64

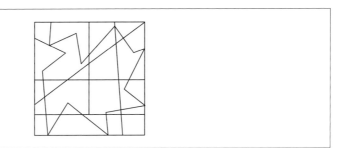

①

②

③

④

65

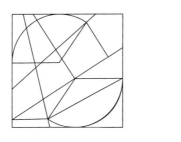

①

②

③

④

66

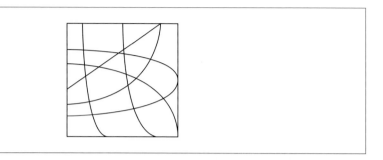

67

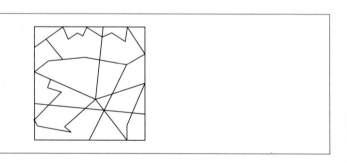

68

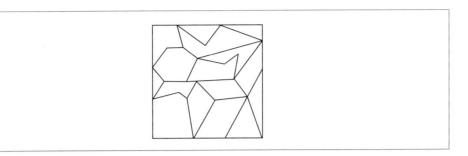

①

②

③

④

69

①

②

③

④

70

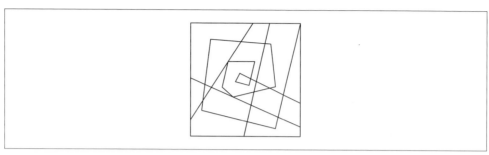

① 　　　②

③ 　　　④

비교하기

[71~75] 다음 제시된 문자·도형 및 기호열과 다른 것을 고르시오.

71 다음 중 나머지 셋과 다른 것을 고르시오.

① abdbkkdbldllod　　　② abdbkkdbldllod
③ abdbkkdblbllod　　　④ abdbkkdbldllod

72 다음 중 나머지 셋과 다른 것을 고르시오.

① 83838837177138　　　② 83838837177138
③ 83838837177138　　　④ 83838337177138

73 다음 중 나머지 셋과 다른 것을 고르시오.

① ○▷◇■◆□▷○□●▽

② ○▷◇■◆□▽○□●▽

③ ○▷◇■◆□▷○□●▽

④ ○▷◇■◆□▷○□●▽

74 다음 중 나머지 셋과 다른 것을 고르시오.

① wlzodgjel4wzqrl

② wlzodgjel4wzprl

③ wlzodgjel4wzprl

④ wlzodgjel4wzprl

75 다음 중 나머지 셋과 다른 것을 고르시오.

① ㄱㅋㄷㅋㄱㄲㅋㄱㄲㄱㄲ

② ㄱㅋㄷㅋㄱㄱㅋㄱㄲㄱㄲ

③ ㄱㅋㄷㅋㄱㄲㅋㄱㄲㄱㄲ

④ ㄱㅋㄷㅋㄱㄲㅋㄱㄲㄱㄲ

[76~80] 다음 제시된 문자·도형 및 기호열과 동일한 것을 고르시오.

76

boysbeambitious

① boysbeambitious

② boysbeanbitious

③ boysbeambitlous

④ boyabeambitious

77

삼성전기삼성전자삼성SDI

① 삼성전기상성전자삼성SDI   ② 삼섬전기삼성전자삼성SDI

③ 삼성전지삼성전자삼성SDI   ④ 삼성전기삼성전자삼성SDI

78

11791 × klllij7977

① 11791 × klilij7977   ② 11791 × klllij7979

③ 11791 × klllij7977   ④ 1i791 × klllij7977

79

●§=◆□☆◇■▽⇧▦◆▷

① ●§=◆□☆◇■▽⇧▦◆▷   ② ●§=◆□☆◇■▷⇧▦◆▷

③ ●§=■□☆◇■▽⇧▦◆▷   ④ ○§=◆□☆◇■▽⇧▦◆▷

80

골곪굵근긋글귿곧꼴굵글공

① 골곪굵근긋글귿곧꼴굵글공   ② 골곪굵근긋글귿곧꼴굵글공

③ 골곪굵근긋글귿곧꼴굵글공   ④ 골곪굵근긋귿곧꼴굵글공

[81~85] 다음 제시된 문자·도형 및 기호열과 다른 것을 고르시오.

81

↘↖↘↖↘↖↘↖↘↖↘↖

① ↘↖↘↖↘↖↘↖↘↖↘↘   ② ↘↖↘↖↘↘↖↘↖↘↖↖

③ ↘↖↘↖↘↖↘↖↘↖↘↖   ④ ↘↖↖↘↖↘↖↘↖↘↖↖

82

096609609690

① 096609609690   ② 096609609690   ③ 096609609690   ④ 096009609690

83

간장공장공장장

① 간장공장공정장   ② 간장공장공장장   ③ 간장공장공장장   ④ 간장공장공장장

84

Iwantnobodynobody

① Iwantnobodynobody   ② Iwantnobodynsbody

③ Iwantnobodynobody   ④ Iwantnobodynobody

85

夏爐冬扇

① 夏爐冬扇　　　② 夏爐冬扇　　　③ 夏攄冬扇　　　④ 夏爐冬扇

86 다음 중 좌우가 다른 것을 고르시오.

① 123458＋657 － 123458＋657　　② 치키치키차카차카 － 치키치키차카차카

③ ▤▥▨▧▧▤▥▨ － ▥▤▨▧▧▤▥▨　　④ iamyourbigfan － iamyourbigfen

87 다음 중 좌우가 다른 것을 고르시오.

① dhjeuscivskw － dhjeuscivskw　　② ⊠⊠⊠⊠⊠⊠⊠⊠ － ⊠⊠⊠⊠⊠⊠⊠⊠

③ 121685200 － 121685200　　　　④ 삼성섬상살삶설삭삶살 － 삼성성상살삶설삭삶살

88 다음 중 좌우가 다른 것을 고르시오.

① ㄷㄷㄷㄷㄷㄷㄷㄷ － ㄷㄷㄷㄷㄷㄷㄷㄷ　　② 55555555556555 － 55555555556555

③ rrrrrrrrrbrrrr － rrrrrrrrrbrrrrr　　④ ⊙⊙⊙⊙◎⊙⊙⊙ － ⊙⊙⊙⊙◎⊙⊙⊙

89 다음 중 좌우가 다른 것을 고르시오.

① 9871293654 – 9871293654

② 연애는필수결혼은선택 – 연애는필수결혼은선탠

③ ∈∌∉∋∌∈∌ – ∈∌∉∋∌∈∌

④ AHUFTGJZIXKS – AHUFTGJZIXKS

90 다음 중 좌우가 다른 것을 고르시오.

① dnjfdydlftlfgdj – dnjfdydlfwhgdk

② 》》》〉〉〉》》》〉〉》 – 》》》〉〉〉》》》〉〉》

③ goodluck – goodluck

④ 수고하셨습니다 – 수고하셨습니다

이해력 영역

이해력 영역은 형태 추리력을 판단하는 영역으로, 그림을 여러 각도로 회전하고 상하 · 좌우로 반전했을 때의 모양을 추측하는 것이 중요합니다.

정답 및 해설 p. 232

[01~10] 제시된 문제에 대한 알맞은 답을 고르시오.

01 다음에 제시된 그림을 좌우반전한 다음에 시계 반대 방향으로 90° 회전했을 때의 모양을 고르 시오.

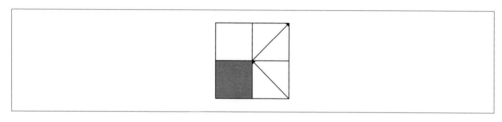

① 　　　　②

③ 　　　　④

02 다음에 제시된 그림을 상하반전한 다음에 180° 회전했을 때의 모양을 고르시오.

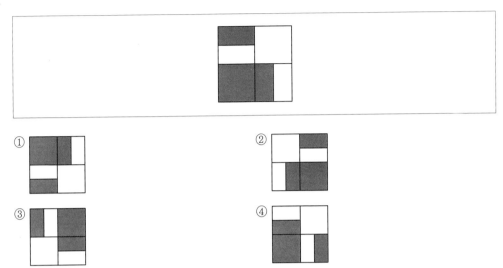

03 다음에 제시된 그림을 좌우반전한 다음에 시계 방향으로 270° 회전했을 때의 모양을 고르시오.

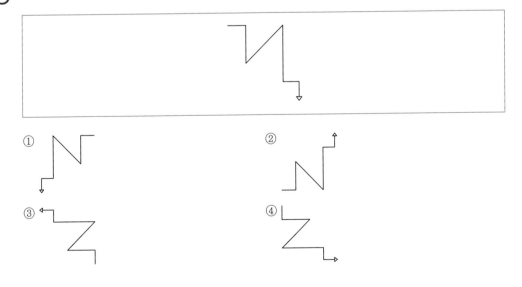

04 다음에 제시된 그림을 시계 반대 방향으로 90˚ 회전한 다음에 상하반전했을 때의 모양을 고르시오.

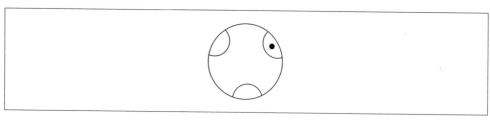

①

②

③

④

05 다음에 제시된 그림을 좌우반전한 다음에 시계 방향으로 45˚ 회전했을 때의 모양을 고르시오.

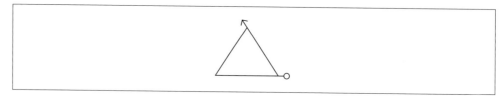

①

②

③

④

06 다음에 제시된 그림을 180˚ 회전한 다음에 상하반전했을 때의 모양을 고르시오.

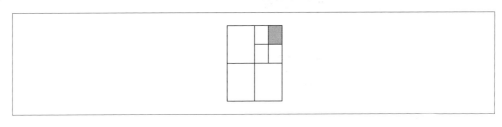

①

②

③

④

07 다음에 제시된 그림을 상하반전한 다음에 시계 방향으로 270˚ 회전했을 때의 모양을 고르시오.

①

②

③

④

08 다음에 제시된 그림을 좌우반전한 다음에 시계 반대 방향으로 90° 회전했을 때의 모양을 고르시오.

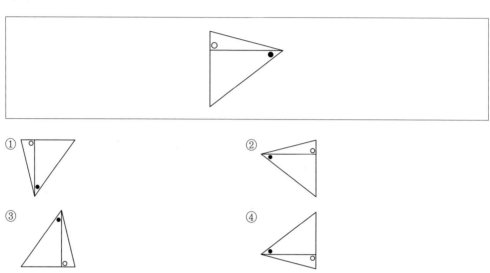

09 다음에 제시된 그림을 시계 반대 방향으로 90° 회전한 다음에 상하반전하고, 다시 좌우반전 했을 때의 모양을 고르시오.

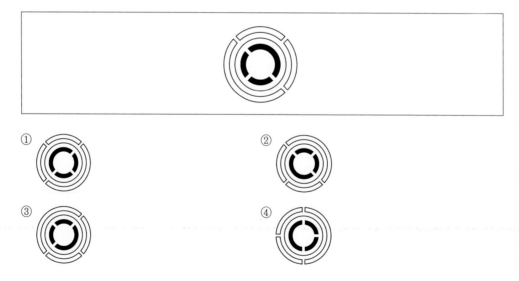

10 다음에 제시된 그림을 좌우반전한 다음에 180° 회전했을 때의 모양을 고르시오.

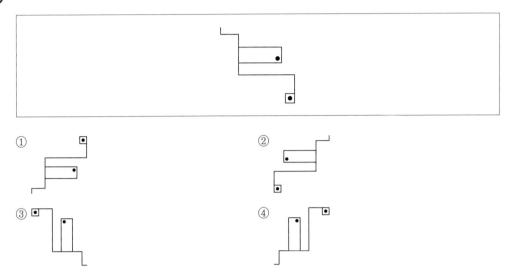

[11~20] 제시된 문제에 대한 알맞은 답을 고르시오.

11 다음에 제시된 그림을 시계 반대 방향으로 270° 회전한 다음에 좌우반전했을 때의 모양을 고르시오.

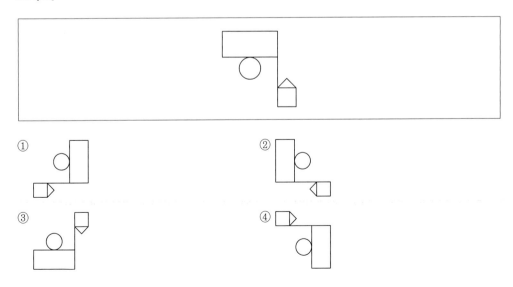

12
다음에 제시된 그림을 좌우반전한 다음에 시계 방향으로 90° 회전했을 때의 모양을 고르시오.

①

②

③

④

13
다음에 제시된 그림을 상하반전한 다음에 시계 방향으로 270° 회전했을 때의 모양을 고르시오.

①

②

③

④

14 다음에 제시된 그림을 좌우반전한 다음에 시계 방향으로 45° 회전했을 때의 모양을 고르시오.

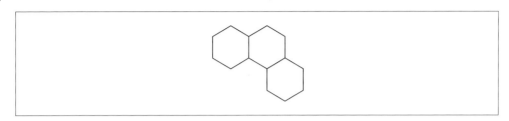

①

②

③

④

15 다음에 제시된 그림을 180° 회전한 다음에 좌우반전했을 때의 모양을 고르시오.

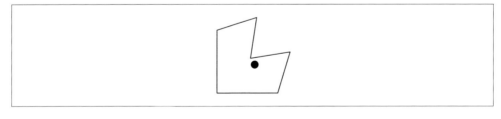

①

②

③

④

16 다음에 제시된 그림을 시계 반대 방향으로 90° 회전한 다음에 좌우반전했을 때의 모양을 고르시오.

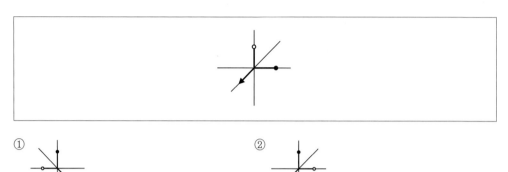

① 　　　　②

③ 　　　　④

17 다음에 제시된 그림을 시계 방향으로 90° 회전한 다음에 상하반전했을 때의 모양을 고르시오.

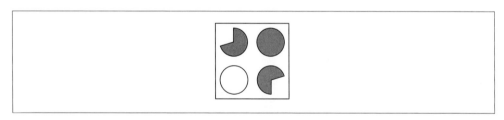

① 　　　　②

③ 　　　　④

18 다음에 제시된 그림을 시계 반대 방향으로 90° 회전한 다음에 좌우반전했을 때의 모양을 고르시오.

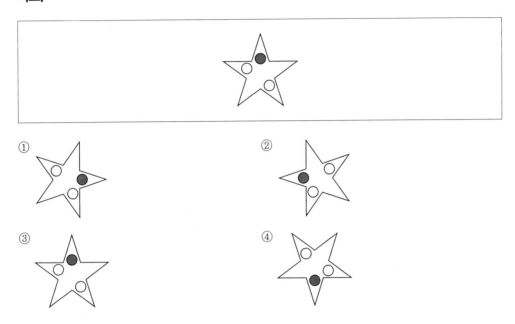

19 다음에 제시된 그림을 상하반전한 다음에 시계 방향으로 90° 회전했을 때의 모양을 고르시오.

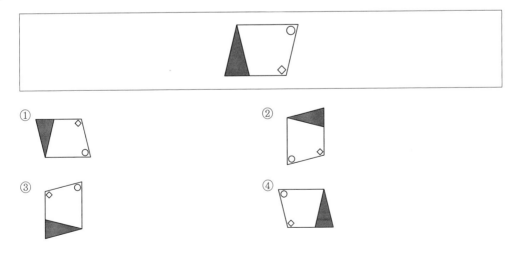

20 다음에 제시된 그림을 시계 반대 방향으로 90° 회전한 다음에 좌우반전했을 때의 모양을 고르시오.

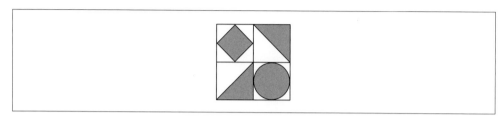

①

②

③

④

[21~30] 제시된 문제에 대한 알맞은 답을 고르시오.

21 다음에 제시된 그림을 상하반전한 다음에 시계 반대 방향으로 90° 회전했을 때의 모양을 고르시오.

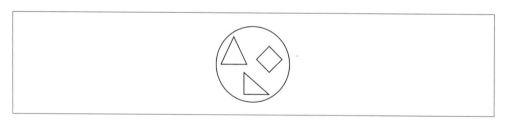

①

②

③

④

22 다음에 제시된 그림을 좌우반전한 다음에 시계 방향으로 270° 회전했을 때의 모양을 고르시오.

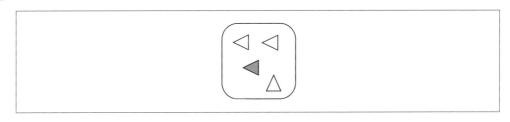

①

②

③

④

23 다음에 제시된 그림을 좌우반전한 다음에 시계 방향으로 90° 회전했을 때의 모양을 고르시오.

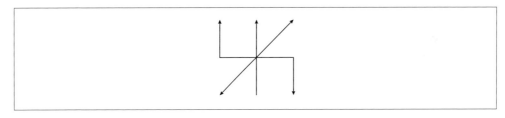

①

②

③

④

24 다음에 제시된 그림을 상하반전한 다음에 시계 반대 방향으로 90° 회전했을 때의 모양을 고르시오.

① ② ③ ④

25 다음에 제시된 그림을 시계 방향으로 270° 회전한 다음에 상하반전했을 때의 모습을 고르시오.

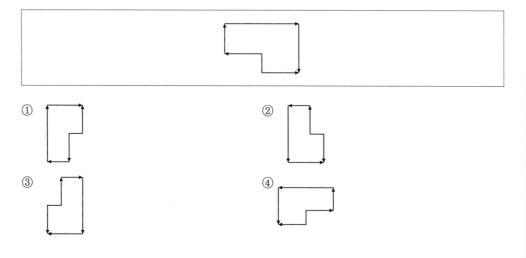

① ② ③ ④

26 다음에 제시된 그림을 시계 반대 방향으로 270˚ 회전한 다음에 좌우반전했을 때의 모습을 고르시오.

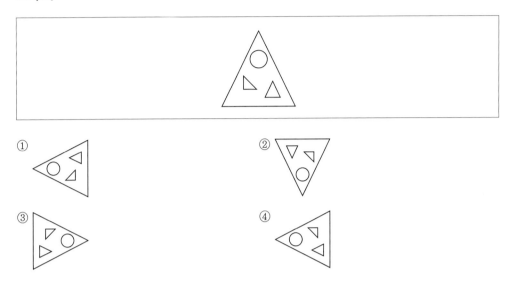

27 다음에 제시된 그림을 상하반전한 다음에 시계 반대 방향으로 45˚ 회전했을 때의 모양을 고르시오.

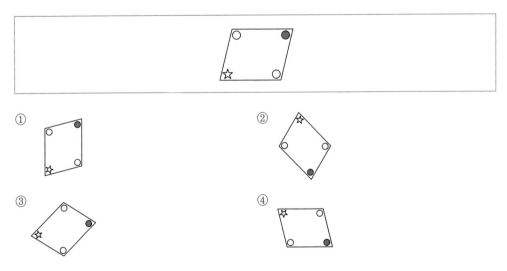

28 다음에 제시된 그림을 시계 방향으로 90° 회전한 다음에 좌우반전했을 때의 모양을 고르시오.

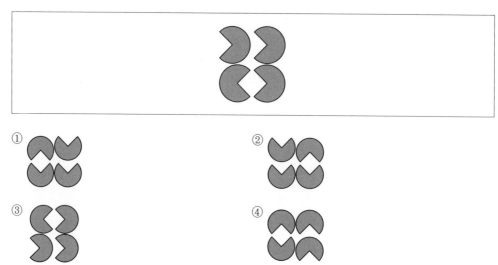

29 다음에 제시된 그림을 좌우반전한 다음에 시계 반대 방향으로 45° 회전했을 때의 모양을 고르시오.

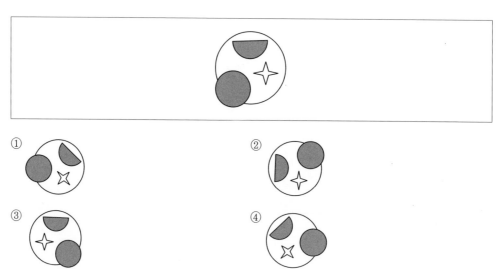

30 다음에 제시된 그림을 상하반전한 다음에 시계 반대 방향으로 270° 회전했을 때의 모양을 고르시오.

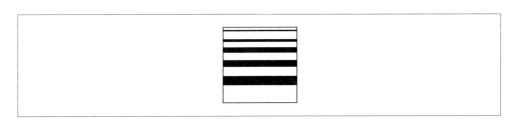

①

②

③

④

[31~40]　제시된 문제에 대한 알맞은 답을 고르시오.

31 다음에 제시된 그림을 180° 회전한 다음에 좌우반전했을 때의 모양을 고르시오.

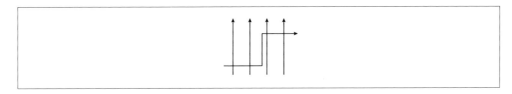

①

②

③

④

32 다음에 제시된 그림을 상하반전한 다음에 시계 방향으로 90° 회전하고, 다시 좌우반전했을 때의 모양을 고르시오.

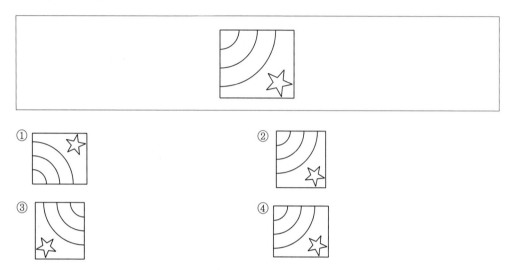

33 다음에 제시된 그림을 좌우반전한 다음에 시계 반대 방향으로 270° 회전했을 때의 모양을 고르시오.

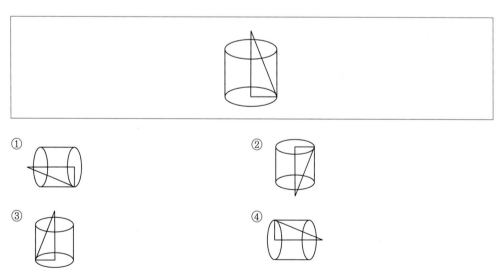

34 다음에 제시된 그림을 시계 방향으로 45° 회전한 다음에 상하반전했을 때의 모양을 고르시오.

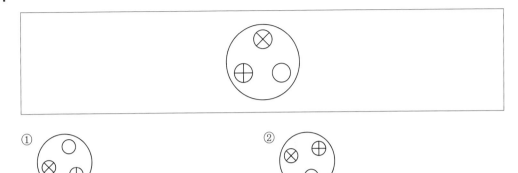

①

②

③ ④

35 다음에 제시된 그림을 상하반전한 다음에 시계 방향으로 270° 회전했을 때의 모양을 고르시오.

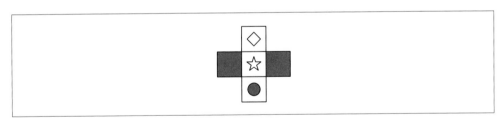

①

②

③

④

36 다음에 제시된 그림을 상하반전한 다음에 시계 반대 방향으로 90° 회전했을 때의 모양을 고르시오.

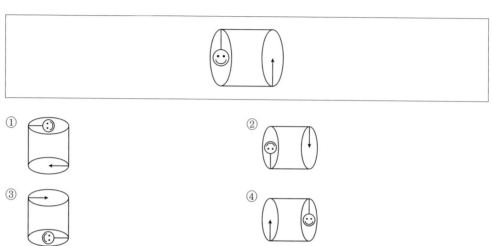

37 다음에 제시된 그림을 좌우반전한 다음에 180° 회전했을 때의 모양을 고르시오.

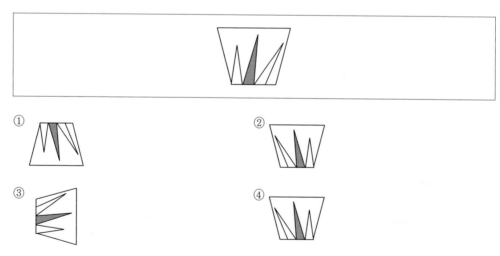

38 다음에 제시된 그림을 시계 방향으로 90° 회전한 다음에 상하반전했을 때의 모양을 고르시오.

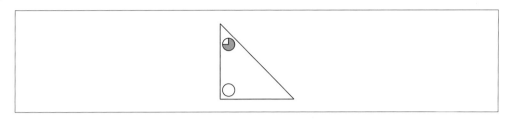

①

②

③

④

39 다음에 제시된 그림을 시계 방향으로 270° 회전한 다음에 좌우반전했을 때의 모양을 고르시오.

①

②

③

④

40 다음에 제시된 그림을 시계 반대 방향으로 90° 회전한 다음에 좌우반전했을 때의 모양을 고르시오.

① ② ③ ④

[41~50] 제시된 문제에 대한 알맞은 답을 고르시오.

41 다음에 제시된 그림을 시계 반대 방향으로 90° 회전한 다음에 좌우반전했을 때의 모양을 고르시오.

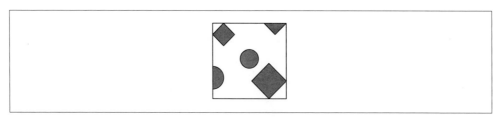

① ② ③ ④

42 다음에 제시된 그림을 시계 반대 방향으로 270˚ 회전한 다음에 좌우반전했을 때의 모양을 고르시오.

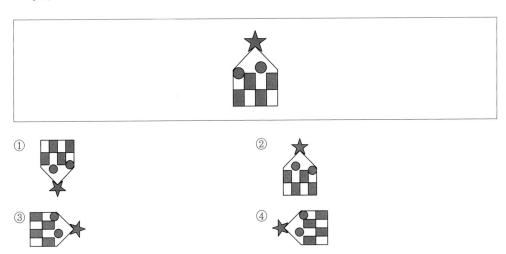

43 다음에 제시된 그림을 시계 방향으로 90˚ 회전한 다음에 상하반전했을 때의 모양을 고르시오.

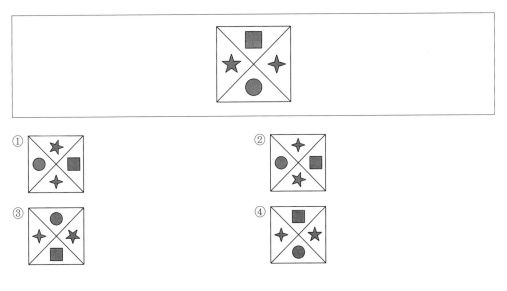

44 다음에 제시된 그림을 좌우반전한 다음에 시계 방향으로 270° 회전했을 때의 모양을 고르시오.

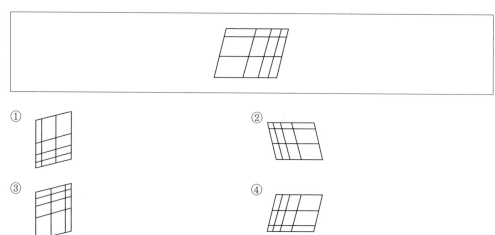

45 다음에 제시된 그림을 상하반전한 다음에 시계 방향으로 45° 회전했을 때의 모양을 고르시오.

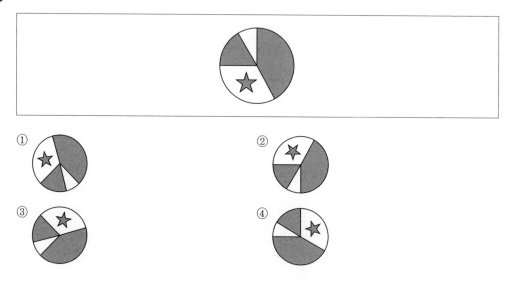

46 다음에 제시된 그림을 180° 회전한 다음에 좌우반전했을 때의 모양을 고르시오.

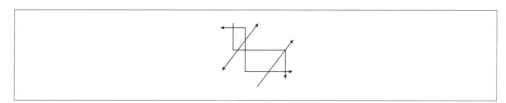

①

②

③

④

47 다음에 제시된 그림을 시계 반대 방향으로 270° 회전한 다음에 상하반전했을 때의 모양을 고르시오.

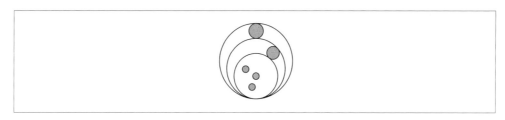

①

②

③

④

48 다음에 제시된 그림을 시계 반대 방향으로 90° 회전한 다음에 좌우반전하고 다시 상하반전했을 때의 모양을 고르시오.

49 다음에 제시된 그림을 시계 방향으로 45° 회전한 다음에 좌우반전했을 때의 모양을 고르시오.

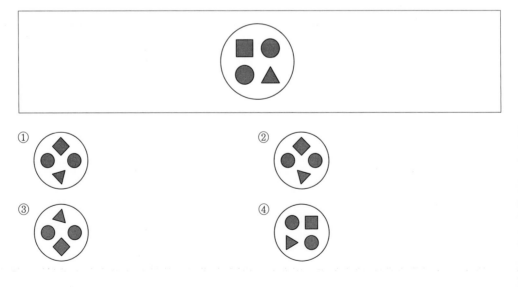

50 다음에 제시된 그림을 180° 회전한 다음에 상하반전했을 때의 모양을 고르시오.

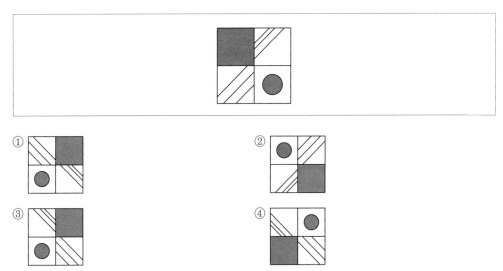

51 다음에 제시된 그림을 시계 방향으로 90° 회전한 다음에 상하반전했을 때의 모양을 고르시오.

[51~60] 제시된 문제에 대한 알맞은 답을 고르시오.

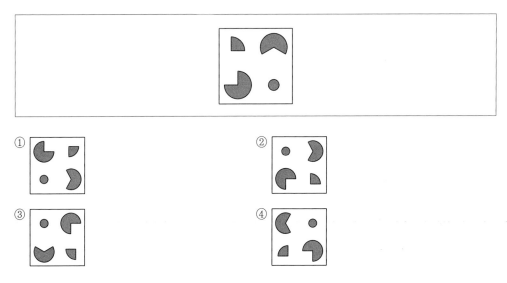

52 다음에 제시된 그림을 시계 방향으로 90° 회전한 다음에 좌우반전하고 다시 상하반전했을 때의 모양을 고르시오.

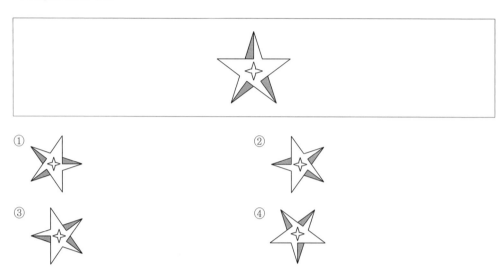

53 다음에 제시된 그림을 시계 반대 방향으로 270° 회전한 다음에 상하반전했을 때의 모양을 고르시오.

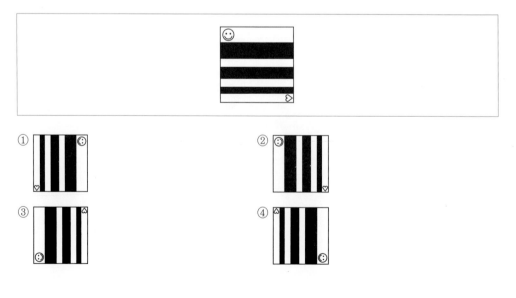

54 다음에 제시된 그림을 상하반전한 다음에 시계 방향으로 45° 회전했을 때의 모양을 고르시오.

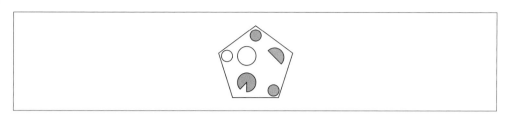

①

②

③

④

55 다음에 제시된 그림을 좌우반전한 다음에 시계 방향으로 270° 회전했을 때의 모양을 고르시오.

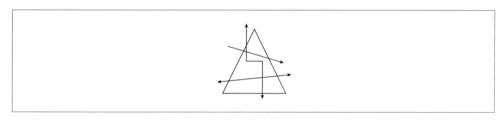

①

②

③

④

56 다음에 제시된 그림을 시계 방향으로 90˚ 회전한 다음에 상하반전했을 때의 모양을 고르시오.

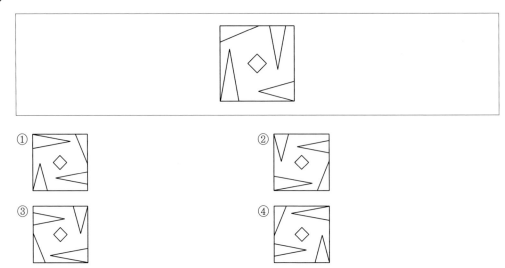

57 다음에 제시된 그림을 시계 반대 방향으로 270˚ 회전한 다음에 좌우반전했을 때의 모양을 고르시오.

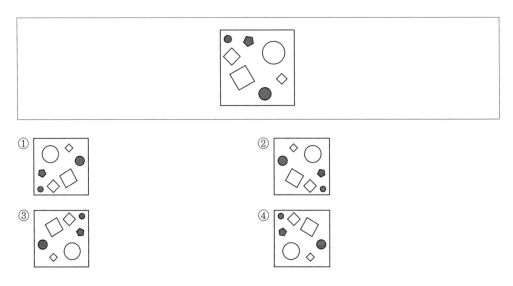

58 다음에 제시된 그림을 시계 반대 방향으로 45° 회전한 다음에 좌우반전했을 때의 모양을 고르시오.

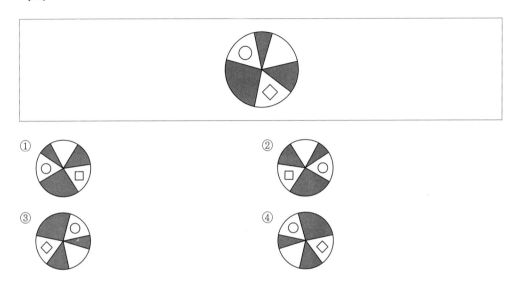

59 다음에 제시된 그림을 시계 방향으로 270° 회전한 다음에 좌우반전했을 때의 모양을 고르시오.

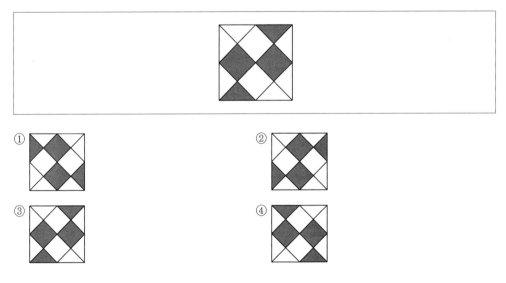

60 다음에 제시된 그림을 시계 방향으로 90° 회전한 다음에 상하반전했을 때의 모양을 고르시오.

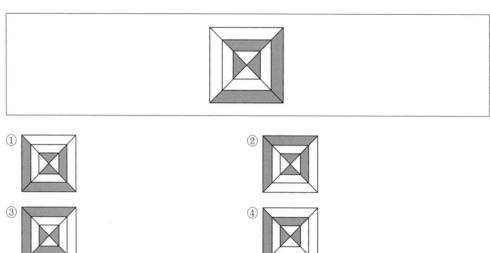

[61~70] 제시된 문제에 대한 알맞은 답을 고르시오.

61 다음에 제시된 그림을 좌우반전한 다음에 시계 반대 방향으로 90° 회전했을 때의 모양을 고르시오.

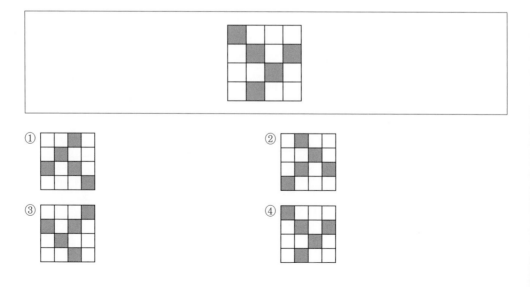

62 다음에 제시된 그림을 상하반전한 다음에 180° 회전했을 때의 모양을 고르시오.

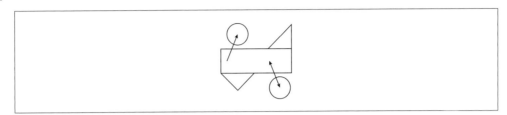

①

②

③

④

63 다음에 제시된 그림을 좌우반전한 다음에 시계 방향으로 270° 회전했을 때의 모양을 고르시오.

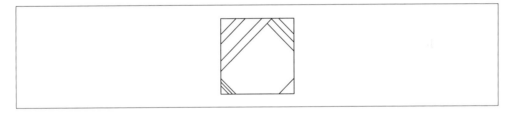

①

②

③

④

64 다음에 제시된 그림을 시계 반대 방향으로 90° 회전한 다음에 상하반전했을 때의 모양을 고르시오.

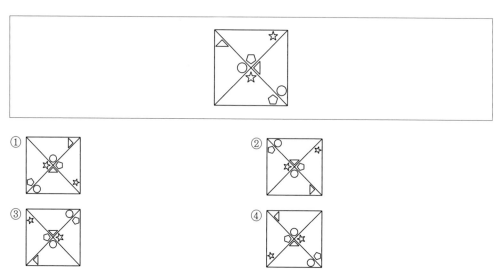

65 다음에 제시된 그림을 좌우반전한 다음에 시계 방향으로 90° 회전했을 때의 모양을 고르시오.

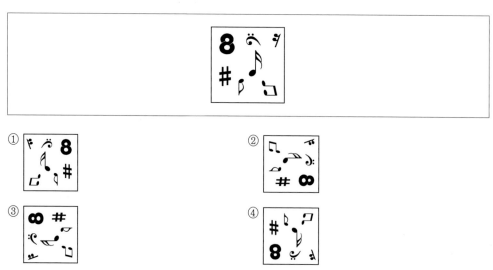

66 다음에 제시된 그림을 180° 회전한 다음에 상하반전했을 때의 모양을 고르시오.

① 　　②

③ 　　④

67 다음에 제시된 그림을 상하반전한 다음에 시계 방향으로 270° 회전했을 때의 모양을 고르시오.

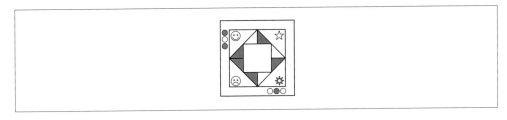

① 　　②

③ 　　④

68 다음에 제시된 그림을 좌우반전한 다음에 시계 반대 방향으로 45° 회전했을 때의 모양을 고르시오.

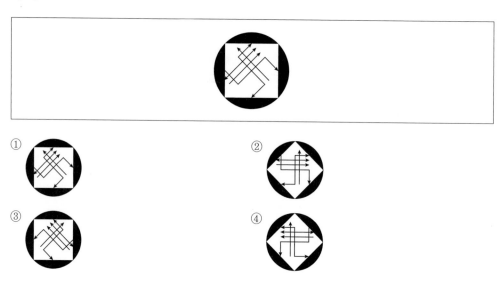

69 다음에 제시된 그림을 시계 반대 방향으로 90° 회전한 다음에 상하반전하고, 다시 좌우반전 했을 때의 모양을 고르시오.

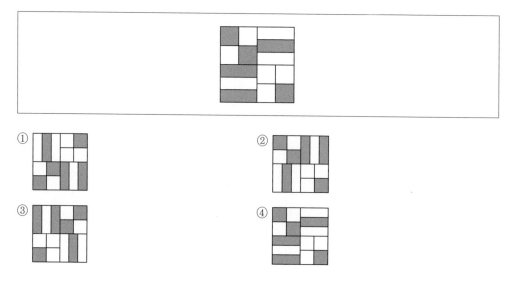

70 다음에 제시된 그림을 좌우반전한 다음에 180° 회전했을 때의 모양을 고르시오.

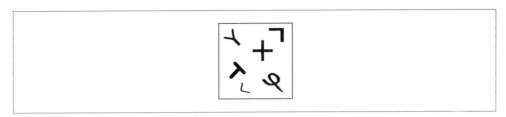

①

②

③

④

05

순서추론 영역

순서추론 영역은 보기에 나열된 문자와 기호를 보고 빠른 시간 내에 파악하여 문제에 제시된 문자와 기호가 몇 번째 순서에 있는지 알아내는 능력을 평가합니다.

정답 및 해설 p. 240

[01~05] 제시된 문자와 동일한 문자를 〈보기〉에서 찾아 몇 번째에 위치하는지 고르시오(단, 가장 왼쪽 문자를 첫 번째 문자로 한다.)

보기

■ △ ▼ ○ ● ◎ = ◆ □ ◇

01

■

① 1번째   ② 2번째   ③ 3번째   ④ 4번째

02

▼

① 2번째   ② 3번째   ③ 4번째   ④ 5번째

03

◎

① 6번째   ② 7번째   ③ 8번째   ④ 9번째

04

=

① 6번째   ② 7번째   ③ 8번째   ④ 9번째

05

◇

① 7번째   ② 8번째   ③ 9번째   ④ 10번째

[06~10] 제시된 문자와 동일한 문자를 〈보기〉에서 찾아 몇 번째에 위치하는지 고르시오(단, 가장 왼쪽 문자를 첫 번째 문자로 한다.)

보기

⊙ ♤ ◇ ♣ ☎ ◑ ◐ ◆ ▨ ●

06

⊙

① 1번째   ② 2번째   ③ 3번째   ④ 4번째

07

◇

① 2번째   ② 3번째   ③ 4번째   ④ 5번째

08

◑

① 6번째   ② 7번째   ③ 8번째   ④ 9번째

09

☎

① 4번째   ② 5번째   ③ 6번째   ④ 7번째

10

▨

① 7번째   ② 8번째   ③ 9번째   ④ 10번째

[11~15] 제시된 문자와 동일한 문자를 〈보기〉에서 찾아 몇 번째에 위치하는지 고르시오(단, 가장 왼쪽 문자를 첫 번째 문자로 한다.)

보기

＊ ★ ▤ ☆ ▣ ○ ● ■ ⁎⁎⁎ ∞

11

★

① 1번째   ② 2번째   ③ 3번째   ④ 4번째

12

▦

① 2번째   ② 3번째   ③ 4번째   ④ 5번째

13

▣

① 5번째   ② 6번째   ③ 7번째   ④ 8번째

14

**

① 7번째   ② 8번째   ③ 9번째   ④ 10번째

15

∞

① 7번째   ② 8번째   ③ 9번째   ④ 10번째

제시된 문자와 동일한 문자를 〈보기〉에서 찾아 몇 번째에 위치하는지 고르시오(단, 가장 왼쪽 문자를 첫 번째 문자로 한다.)

보기

§ ■ ▷ ♭ □ ¤ ▣ ☆ ◈ △

16

■

① 1번째   ② 2번째   ③ 3번째   ④ 4번째

17

♭

① 2번째   ② 3번째   ③ 4번째   ④ 5번째

18

□

① 5번째   ② 6번째   ③ 7번째   ④ 8번째

19

¤

① 6번째   ② 7번째   ③ 8번째   ④ 9번째

20

☆

① 7번째　　　　② 8번째　　　　③ 9번째　　　　④ 10번째

[21~25] 제시된 문자와 동일한 문자를 〈보기〉에서 찾아 몇 번째에 위치하는지 고르시오(단, 가장 왼쪽 문자를 첫 번째 문자로 한다.)

보기

◎ ▤ † ○ ✚ ☥ ★ ♂ ◇ ◐

21

◐

① 10번째　　　　② 9번째　　　　③ 8번째　　　　④ 7번째

22

○

① 2번째　　　　② 3번째　　　　③ 4번째　　　　④ 5번째

23

†

① 3번째　　　　② 4번째　　　　③ 5번째　　　　④ 6번째

24

♂

① 6번째　　　　② 7번째　　　　③ 8번째　　　　④ 9번째

25

◇

① 7번째　　　　② 8번째　　　　③ 9번째　　　　④ 10번째

[26~30] 제시된 문자와 동일한 문자를 〈보기〉에서 찾아 몇 번째에 위치하는지 고르시오(단, 가장 왼쪽 문자를 첫 번째 문자로 한다.)

보기

® ※ ◎ ✖ ∝ ◼ ∃ ¤ ✱ ▤

26

◼

① 5번째　　　　② 6번째　　　　③ 7번째　　　　④ 8번째

27

✱

① 6번째　　　　② 7번째　　　　③ 8번째　　　　④ 9번째

28

目

① 7번째   ② 8번째   ③ 9번째   ④ 10번째

29

※

① 1번째   ② 2번째   ③ 3번째   ④ 4번째

30

®

① 1번째   ② 2번째   ③ 3번째   ④ 4번째

[31~35] 제시된 문자와 동일한 문자를 〈보기〉에서 찾아 몇 번째에 위치하는지 고르시오(단, 가장 왼쪽 문자를 첫 번째 문자로 한다.)

보기

∀ ◑ ◈ ♨ ☯ ⊟ ✲ ✚ ▽ ■

31

∀

① 1번째   ② 2번째   ③ 3번째   ④ 4번째

32

◐

① 1번째 ② 2번째 ③ 3번째 ④ 4번째

33

◈

① 1번째 ② 2번째 ③ 3번째 ④ 4번째

34

⍚

① 5번째 ② 4번째 ③ 3번째 ④ 2번째

35

▽

① 10번째 ② 9번째 ③ 8번째 ④ 7번째

[36~40] 제시된 문자와 동일한 문자를 〈보기〉에서 찾아 몇 번째에 위치하는지 고르시오(단, 가장 왼쪽 문자를 첫 번째 문자로 한다.)

보기

∴ ▼ ♀ ○ § ◎ ¤ ● ☯ ☆

36

§

① 2번째　　　② 3번째　　　③ 4번째　　　④ 5번째

37

♀

① 1번째　　　② 2번째　　　③ 3번째　　　④ 4번째

38

∴

① 1번째　　　② 2번째　　　③ 3번째　　　④ 4번째

39

☯

① 10번째　　　② 9번째　　　③ 8번째　　　④ 7번째

40

●

① 10번째   ② 9번째   ③ 8번째   ④ 7번째

[41~45] 제시된 문자와 동일한 문자를 〈보기〉에서 찾아 몇 번째에 위치하는지 고르시오(단, 가장 왼쪽 문자를 첫 번째 문자로 한다.)

보기

\# ☆ ♨ ♀ ♂ ➤ ▤ ♠ ♧ Σ

41

♀

① 2번째   ② 3번째   ③ 4번째   ④ 5번째

42

♂

① 2번째   ② 3번째   ③ 4번째   ④ 5번째

43

\#

① 1번째   ② 2번째   ③ 3번째   ④ 4번째

44

♣

① 10번째   ② 9번째   ③ 8번째   ④ 7번째

45

Σ

① 10번째   ② 9번째   ③ 8번째   ④ 7번째

[46~50] 제시된 문자와 동일한 문자를 〈보기〉에서 찾아 몇 번째에 위치하는지 고르시오(단, 가장 왼쪽 문자를 첫 번째 문자로 한다.)

보기

▨ ■ ▷ □ ¤ ◈ △ ◎ ∀ ※

46

■

① 2번째   ② 3번째   ③ 4번째   ④ 5번째

47

□

① 2번째   ② 3번째   ③ 4번째   ④ 5번째

48

¤

① 3번째 　　　　② 4번째 　　　　③ 5번째 　　　　④ 6번째

49

◆

① 6번째 　　　　② 7번째 　　　　③ 8번째 　　　　④ 9번째

50

※

① 7번째 　　　　② 8번째 　　　　③ 9번째 　　　　④ 10번째

06

유추추론 영역

유추추론 영역은 등차·등비·피보나치 수열 혹은 일정한 규칙성을 지닌 수열 등 각종 수열을 활용하여 빈칸에 들어갈 숫자와 문자를 추론하는 능력을 평가합니다.

정답 및 해설 p. 242

숫자 추론

[01~35] 다음은 일정한 규칙에 따라 숫자를 나열한 것이다. 빈칸에 들어갈 가장 적절한 숫자를 고르시오.

01

$$1 \ 1 \ 2 \ 3 \ 5 \ 8 \ (\ ) \ 21$$

① 11　　　　② 12　　　　③ 13　　　　④ 14

02

$$1 \ 3 \ 5 \ 7 \ 9 \ 11 \ (\ )$$

① 12　　　　② 13　　　　③ 14　　　　④ 15

03

$$1 \ 3 \ 9 \ 27 \ 81 \ (\ )$$

① 241　　　　② 242　　　　③ 243　　　　④ 244

04

7 32 48 57 61 ( )

① 65　　　　　② 64　　　　　③ 63　　　　　④ 62

05

3 7 28 4 9 43 6 ( ) 55

① 22　　　　　② 13　　　　　③ 8　　　　　④ 5

06

5 7 11 13 ( ) 19

① 15　　　　　② 16　　　　　③ 17　　　　　④ 18

07

0 2 8 14 112 ( )

① 102　　　　　② 112　　　　　③ 122　　　　　④ 132

08

8 24 72 ( ) 648 1944

① 212　　　　　② 214　　　　　③ 216　　　　　④ 218

09

$$\frac{1}{2} \quad 2 \quad 8 \quad (\quad) \quad 128 \quad 512$$

① 16   ② 24   ③ 32   ④ 40

10

7 13 25 49 ( ) 193

① 95   ② 97   ③ 99   ④ 101

11

1 3 4 8 13 18 40 38 121 ( ) 364

① 78   ② 93   ③ 119   ④ 208

12

7 8 10 13 17 ( )

① 22   ② 23   ③ 24   ④ 25

13

2 1 5 7 ( ) 13 11

① 7   ② 8   ③ 9   ④ 10

14

$$1\ 4\ 4\ \ 2\ 7\ 14\ \ 3\ 8\ (\quad)$$

① 21   ② 22   ③ 23   ④ 24

15

$$-8\ 5\ -3\ 2\ -1\ (\quad)$$

① 0   ② 1   ③ 2   ④ 3

16

$$3\ 3.5\ 4.5\ 6\ 8\ (\quad)$$

① 9   ② 10   ③ 10.5   ④ 11.5

17

$$5\ -1\ 6\ 1\ 7\ 3\ 8\ (\quad)$$

① 5   ② 7   ③ 9   ④ 11

18

$$3\ 2\ 9\ -6\ 27\ 18\ 81\ (\quad)$$

① 54   ② −54   ③ 162   ④ −162

19

( ) 6 −36 216 −1296 7776

① −1　　　　　② 0　　　　　③ 1　　　　　④ 2

20

6 7 42 3 4 12 −5 6 ( )

① 30　　　　　② −30　　　　　③ −11　　　　　④ 11

21

2 5 6 5 12 16 7 10 ( )

① 70　　　　　② 17　　　　　③ 16　　　　　④ 3

22

1 2 3 3 4 13 5 6 ( )

① −1　　　　　② 11　　　　　③ 30　　　　　④ 31

23

$\frac{1}{4}$ 1 ( ) 16 64 256

① −1　　　　　② 4　　　　　③ 8　　　　　④ 12

24

1 3 6 11 18 29 ( )

① 42   ② 45   ③ 47   ④ 50

25

3 4 8 20 13 100 18 ( )

① 100   ② 150   ③ 250   ④ 500

26

3 5 8 13 21 34 ( )

① 42   ② 48   ③ 55   ④ 60

27

8 9 11 14 18 23 29 ( )

① 32   ② 34   ③ 36   ④ 40

28

1 4 16 64 256 ( )

① 512   ② 754   ③ 1010   ④ 1024

29

2 3 11 3 4 17 5 ( ) 35

① 6　　　　　② 7　　　　　③ 8　　　　　④ 9

30

19 20 23 24 27 28 31 ( )

① 32　　　　　② 33　　　　　③ 34　　　　　④ 35

31

2 3 5 10 8 ( ) 11 24

① 14　　　　　② 15　　　　　③ 16　　　　　④ 17

32

4 5 6 7 8 12 9 10 ( )

① 14　　　　　② 16　　　　　③ 18　　　　　④ 20

33

$\frac{1}{32}$ $\frac{1}{4}$ 2 16 ( ) 1024

① 128　　　　　② 256　　　　　③ 384　　　　　④ 512

34

$$6 \quad 8 \quad 14 \quad 32 \quad (\quad) \quad 248$$

① 80   ② 82   ③ 84   ④ 86

35

$$4 \quad 5 \quad -8 \quad 10 \quad (\quad) \quad 20 \quad -32 \quad 40$$

① −16   ② 16   ③ −24   ④ 24

문자 추론

[36~70] 다음은 일정한 규칙에 따라 문자를 나열한 것이다. 빈칸에 들어갈 적절한 문자를 고르시오.

36

$$ㄱ \quad ㄷ \quad ㅁ \quad ㅅ \quad (\quad)$$

① ㅇ   ② ㅈ   ③ ㅊ   ④ ㅋ

37

$$F \quad G \quad I \quad L \quad (\quad) \quad U$$

① M   ② N   ③ O   ④ P

38

I N H ( ) T N U

① O   ② P   ③ Q   ④ R

39

C E H M ( )

① S   ② T   ③ U   ④ V

40

나 바 라 아 바 ( )

① 차   ② 카   ③ 타   ④ 파

41

B ㄷ ㅗ ( ) K

① ㅅ   ② F   ③ H   ④ ㅈ

42

A D G ( ) M

① H   ② I   ③ J   ④ K

43

Z V R N J F ( )

① A   ② B   ③ C   ④ D

44

O K N J M ( )

① H   ② I   ③ K   ④ L

45

ㅅ ㅂ ㅇ ㅁ ( )

① ㄴ   ② ㄷ   ③ ㅈ   ④ ㅊ

46

ㄹ ㅁ ㅅ ㅇ ㅊ ㅋ ( )

① ㅌ   ② ㅍ   ③ ㅎ   ④ ㄱ

47

가 가 나 다 마 ( ) 파

① 아   ② 자   ③ 차   ④ 카

48

Q T N Q K ( )

① E　　　　② G　　　　③ M　　　　④ N

49

L K I F ( )

① D　　　　② C　　　　③ B　　　　④ A

50

나 다 마 아 ( ) 다 자

① 카　　　　② 타　　　　③ 파　　　　④ 하

51

ㄱ C ㅁ G ( ) K

① ㅇ　　　　② ㅈ　　　　③ H　　　　④ J

52

( ) D G K P V

① B　　　　② C　　　　③ D　　　　④ E

53

A D H M S ( )

① Z　　　② Y　　　③ X　　　④ W

54

ㅑ iv ㅛ ⅷ ( )

① ㅣ　　　② ㅡ　　　③ ㅠ　　　④ ㅜ

55

F G I L M O ( )

① Y　　　② X　　　③ T　　　④ R

56

二 E 三 F ( ) G

① 四　　　② 五　　　③ 六　　　④ 七

57

A B F L J ( )

① H　　　② T　　　③ W　　　④ N

58

A B D H J T ( )

① V   ② W   ③ X   ④ Y

59

A B C E H M ( )

① U   ② V   ③ W   ④ X

60

ㅁ ㅊ ㅁ ㅈ ㅁ ㅇ ㅁ ( )

① ㄱ   ② ㄷ   ③ ㅁ   ④ ㅅ

61

ㄱ ㅁ ㅈ ㅍ ( )

① ㄱ   ② ㄷ   ③ ㅅ   ④ ㅇ

62

A B D G K ( )

① M   ② N   ③ O   ④ P

63

G I L Q ( ) I

① W   ② X   ③ Y   ④ Z

64

마 아 사 차 자 ( )

① 차   ② 카   ③ 타   ④ 파

65

Y V S ( ) M J G

① O   ② P   ③ Q   ④ R

66

ㅊ ㅈ ㅋ ㅇ ( )

① ㅈ   ② ㅋ   ③ ㅌ   ④ ㅍ

67

C D G K R C ( )

① U   ② V   ③ W   ④ X

68

$$C \ ㄹ \ F \ ㅈ \ M \ (\quad) \ X$$

① ㄱ ② ㄹ ③ ㅌ ④ ㅍ

69

$$ㄷ \ ㅂ \ ㄹ \ ㅇ \ ㅂ \ ㅌ \ (\quad)$$

① ㅊ ② ㅍ ③ ㄱ ④ ㅁ

70

$$C \ T \ C \ U \ C \ (\quad) \ C \ W$$

① A ② F ③ V ④ Z

07

신체반응 영역

신체반응 영역은 주어진 조건에 따라 문자의 무게를 비교하여 추리하는 능력을 평가합니다.

정답 및 해설 p. 248

[01~02] 다음의 조건을 보고 '?'에 들어갈 문자를 고르시오.

조건

01

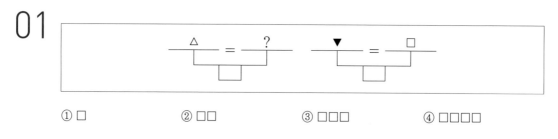

① □　　　② □□　　　③ □□□　　　④ □□□□

02

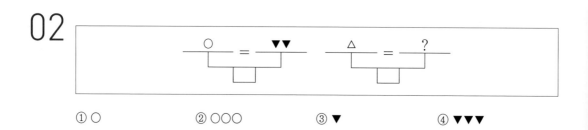

① ○　　　② ○○○　　　③ ▼　　　④ ▼▼▼

[03~04] 다음의 조건을 보고 '?'에 들어갈 문자를 고르시오.

03

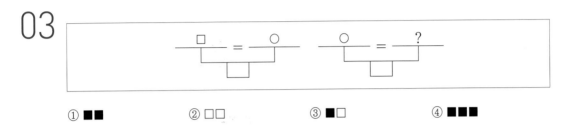

① ■■   ② □□   ③ ■□   ④ ■■■

04

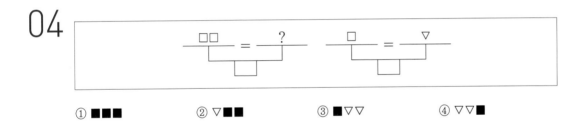

① ■■■   ② ▽■■   ③ ■▽▽   ④ ▽▽■

조건

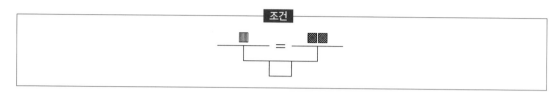

05

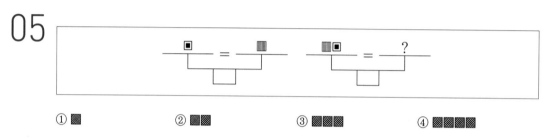

① ■   ② ■■   ③ ■■■■   ④ ■■■■■

06

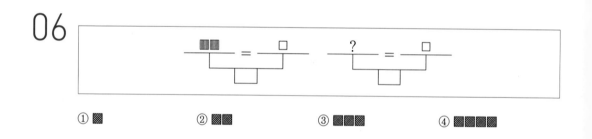

① ■   ② ■■   ③ ■■■■   ④ ■■■■■

[07~08] 다음의 조건을 보고 '?'에 들어갈 문자를 고르시오.

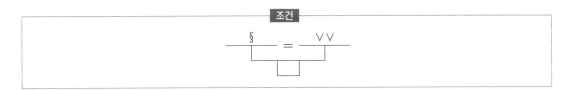

07

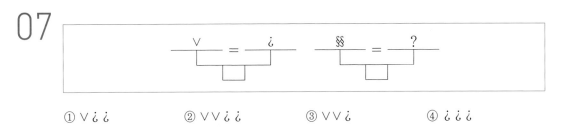

① ∨¿¿   ② ∨∨¿¿   ③ ∨∨¿   ④ ¿¿¿

08

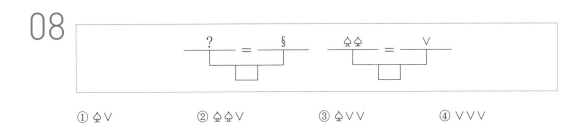

① ♤∨   ② ♤♤∨   ③ ♤∨∨   ④ ∨∨∨

조건

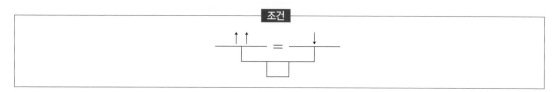

09

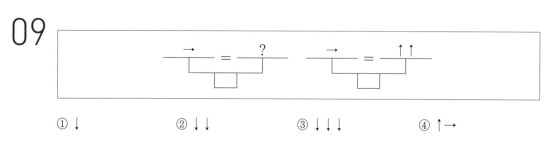

① ↓   ② ↓ ↓   ③ ↓ ↓ ↓   ④ ↑ →

10

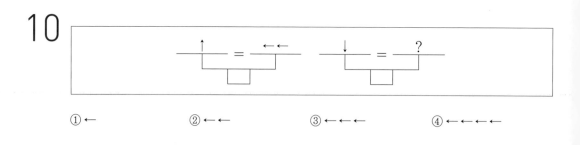

① ←   ② ← ←   ③ ← ← ←   ④ ← ← ← ←

[11~12] 다음의 조건을 보고 '?'에 들어갈 문자를 고르시오.

조건

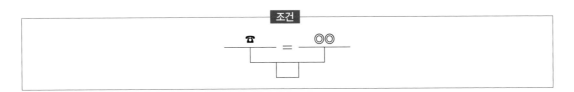

11

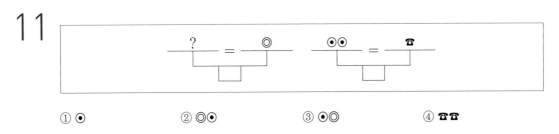

① ◉ 　　　② ◎◉ 　　　③ ◉◎ 　　　④ ☎☎

12

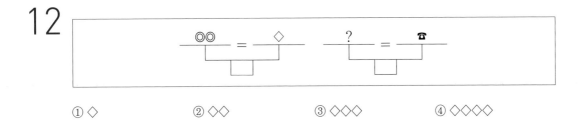

① ◇ 　　　② ◇◇ 　　　③ ◇◇◇ 　　　④ ◇◇◇◇◇

조건

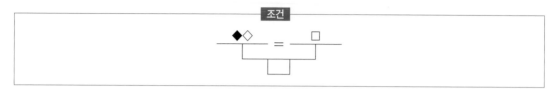

13

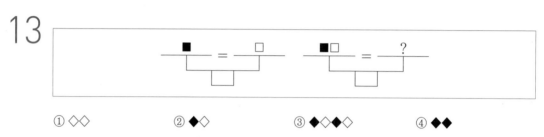

① ◇◇   ② ◆◇   ③ ◆◇◆◇   ④ ◆◆

14

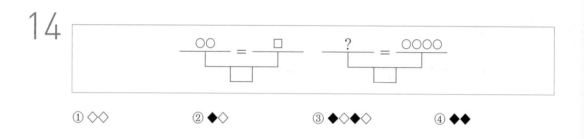

① ◇◇   ② ◆◇   ③ ◆◇◆◇   ④ ◆◆

[15~16] 다음의 조건을 보고 '?'에 들어갈 문자를 고르시오.

15

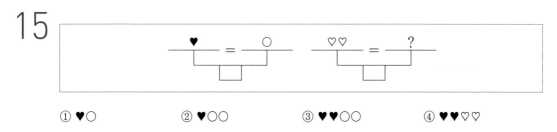

① ♥○
② ♥○○
③ ♥♥○○
④ ♥♥♡♡

16

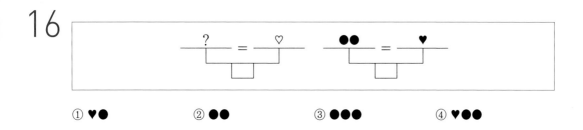

① ♥●
② ●●
③ ●●●
④ ♥●●

17

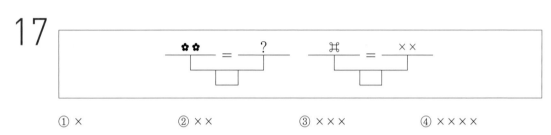

① ×   ② × ×   ③ × × ×   ④ × × × ×

18

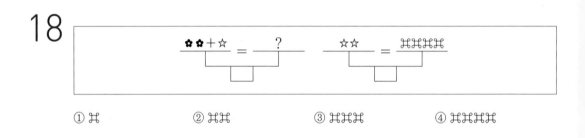

① ⌘   ② ⌘⌘   ③ ⌘⌘⌘   ④ ⌘⌘⌘⌘

[19~20]　다음의 조건을 보고 '?'에 들어갈 문자를 고르시오.

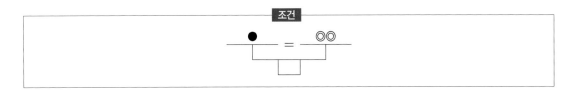

19

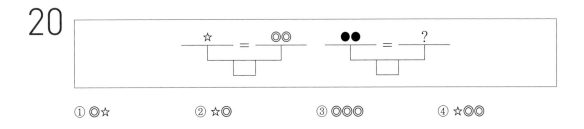

① ◎　　　　② ◆　　　　③ ◆◆　　　　④ ◎◎◎

20

① ◎☆　　　　② ☆◎　　　　③ ◎◎◎　　　　④ ☆◎◎

조건

21

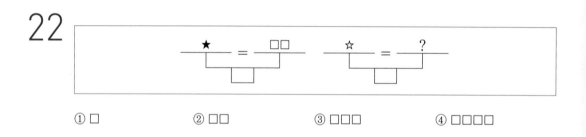

① ★　　　　　② ☆　　　　　③ ☆☆　　　　　④ ★★★★

22

① □　　　　　② □□　　　　　③ □□□　　　　　④ □□□□

[23~24] 다음의 조건을 보고 '**?**'에 들어갈 문자를 고르시오.

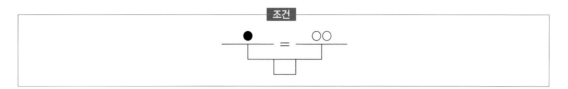

23

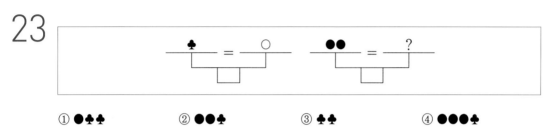

① ●♣♣　　　② ●●♣　　　③ ♣♣　　　④ ●●●♣

24

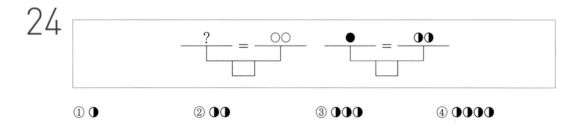

① ◗　　　② ◗◗　　　③ ◗◗◗　　　④ ◗◗◗◗

[25~26] 다음의 조건을 보고 '?'에 들어갈 문자를 고르시오.

25

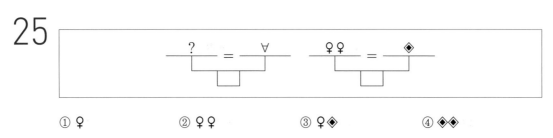

① ♀ 　　② ♀♀ 　　③ ♀◈ 　　④ ◈◈

26

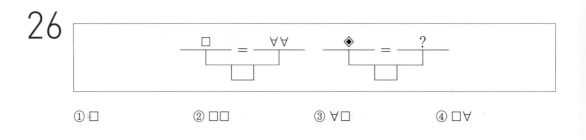

① □ 　　② □□ 　　③ ∀□ 　　④ □∀

[27~28] 다음의 조건을 보고 '**?**'에 들어갈 문자를 고르시오.

조건

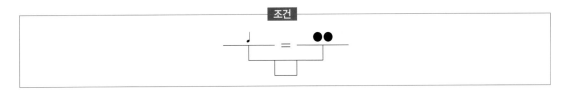

27

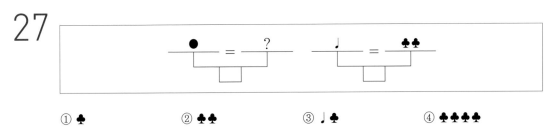

① ♣   ② ♣♣   ③ ♩♣   ④ ♣♣♣♣

28

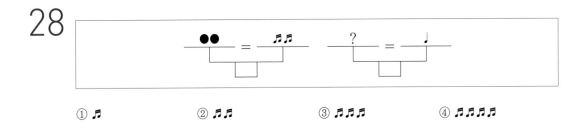

① ♫   ② ♫♫   ③ ♫♫♫   ④ ♫♫♫♫

조건

29

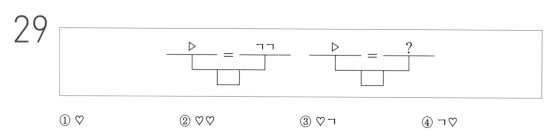

① ♡　　　　② ♡♡　　　　③ ♡ㄱ　　　　④ ㄱ♡

30

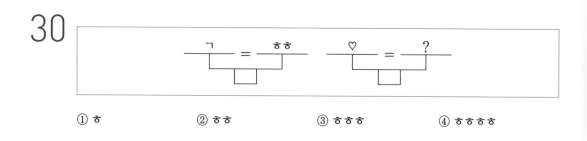

① ㅎ　　　　② ㅎㅎ　　　　③ ㅎㅎㅎ　　　　④ ㅎㅎㅎㅎ

[31~32] 다음의 조건을 보고 '?'에 들어갈 문자를 고르시오.

조건

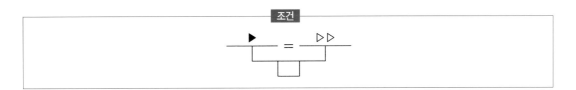

31

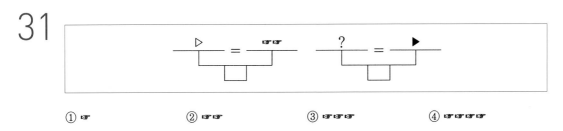

① ☞

② ☞☞

③ ☞☞☞

④ ☞☞☞☞

32

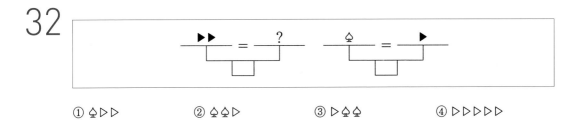

① ♤▷▷

② ♤♤▷

③ ▷♤♤

④ ▷▷▷▷▷

다음의 조건을 보고 '?'에 들어갈 문자를 고르시오.

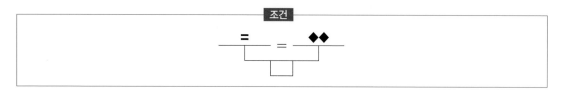

33

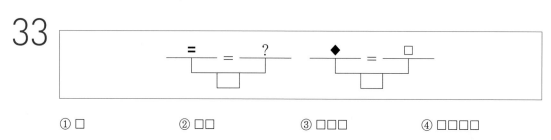

① □　　　　② □□　　　　③ □□□　　　　④ □□□□

34

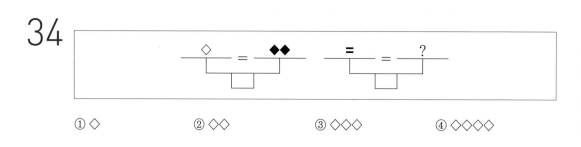

① ◇　　　　② ◇◇　　　　③ ◇◇◇　　　　④ ◇◇◇◇

[35~36] 다음의 조건을 보고 '?'에 들어갈 문자를 고르시오.

조건

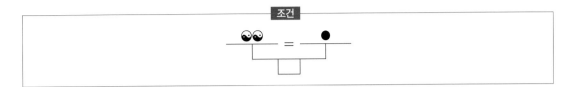

35

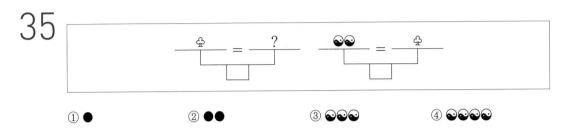

① ● 　　　　② ●● 　　　　③ ◕◕◕ 　　　　④ ◕◕◕◕

36

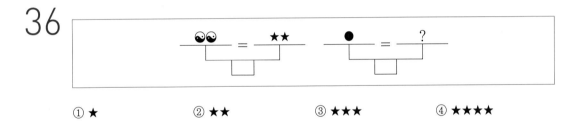

① ★ 　　　　② ★★ 　　　　③ ★★★ 　　　　④ ★★★★

조건

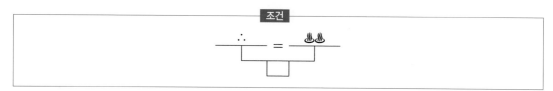

37

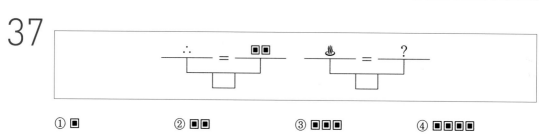

① ■　　　② ■■　　　③ ■■■　　　④ ■■■■

38

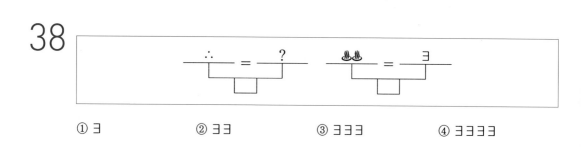

① ㅋ　　　② ㅋㅋ　　　③ ㅋㅋㅋ　　　④ ㅋㅋㅋㅋ

[39~40] 다음의 조건을 보고 '?'에 들어갈 문자를 고르시오.

조건

39

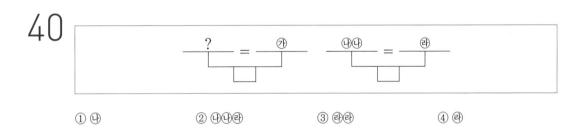

① 따따   ② 따따따따   ③ 나나따따   ④ 나나나나

40

① 나   ② 나나라   ③ 라라   ④ 라

다음의 조건을 보고 '?'에 들어갈 문자를 고르시오.

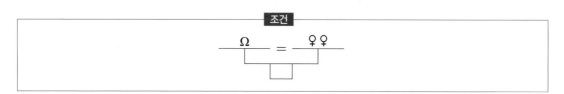

41

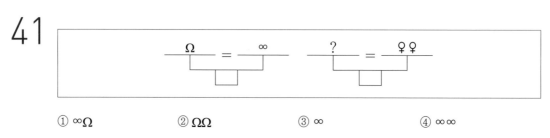

① ∞Ω   ② ΩΩ   ③ ∞   ④ ∞∞

42

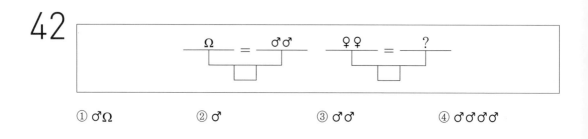

① ♂Ω   ② ♂   ③ ♂♂   ④ ♂♂♂♂

[43~44] 다음의 조건을 보고 '?'에 들어갈 문자를 고르시오.

43

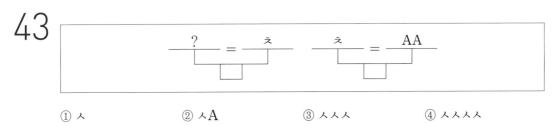

① ㅅ   ② ㅅA   ③ ㅅㅅㅅ   ④ ㅅㅅㅅㅅ

44

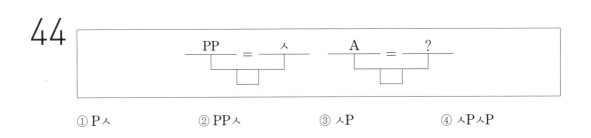

① Pㅅ   ② PPㅅ   ③ ㅅP   ④ ㅅPㅅP

[45~46] **다음의 조건을 보고 '?'에 들어갈 문자를 고르시오.**

조건

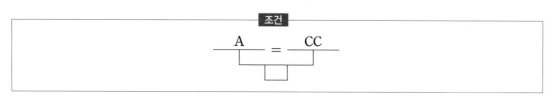

45

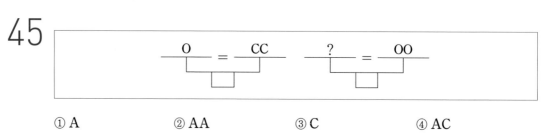

① A   ② AA   ③ C   ④ AC

46

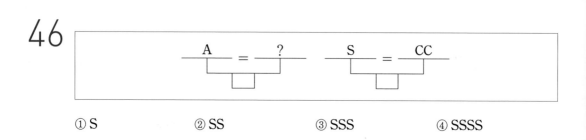

① S   ② SS   ③ SSS   ④ SSSS

[47~48] 다음의 조건을 보고 '?'에 들어갈 문자를 고르시오.

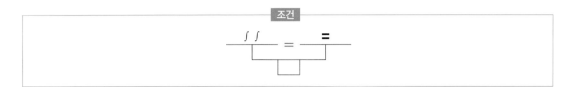

47

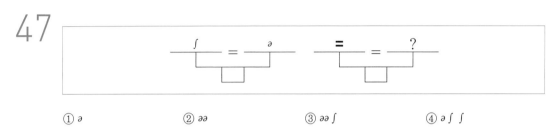

① ə   ② əə   ③ əə ∫   ④ ə ∫ ∫

48

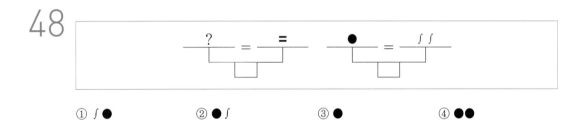

① ∫ ●   ② ● ∫   ③ ●   ④ ●●

조건

49

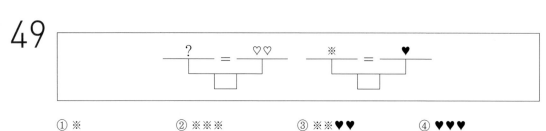

① ※　　　　　　② ※※※　　　　　③ ※※♥♥　　　　④ ♥♥♥

50

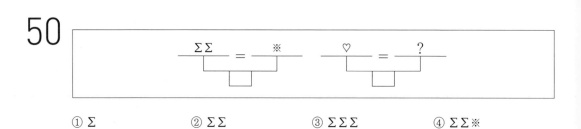

① Σ　　　　　　② ΣΣ　　　　　③ ΣΣΣ　　　　④ ΣΣ※

[51~52] 다음의 조건을 보고 '?'에 들어갈 문자를 고르시오.

조건

51

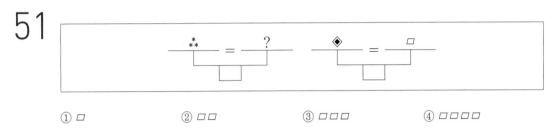

① □　　　　② □□　　　　③ □□□　　　　④ □□□□

52

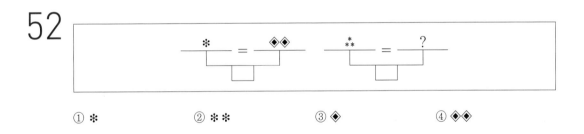

① ✽　　　　② ✽✽　　　　③ ◆　　　　④ ◆◆

다음의 조건을 보고 '?'에 들어갈 문자를 고르시오.

조건

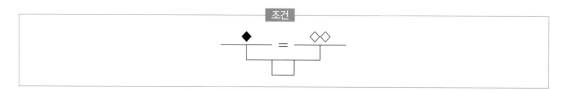

53

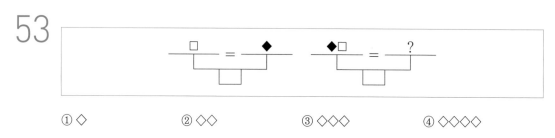

① ◇　　　　② ◇◇　　　　③ ◇◇◇　　　　④ ◇◇◇◇

54

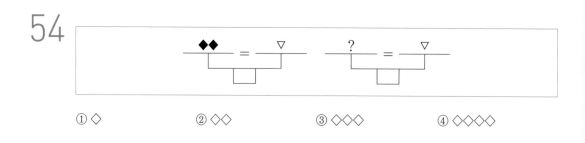

① ◇　　　　② ◇◇　　　　③ ◇◇◇　　　　④ ◇◇◇◇

[55~56] 다음의 조건을 보고 '?'에 들어갈 문자를 고르시오.

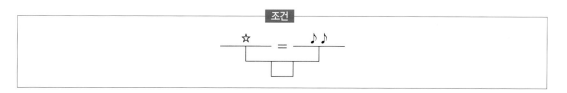

55

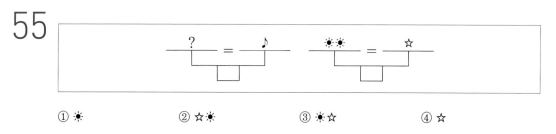

① ☀   ② ☆☀   ③ ☀☆   ④ ☆

56

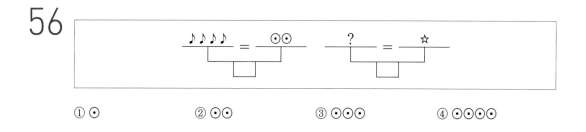

① ⊙   ② ⊙⊙   ③ ⊙⊙⊙   ④ ⊙⊙⊙⊙

다음의 조건을 보고 '?'에 들어갈 문자를 고르시오.

조건

57

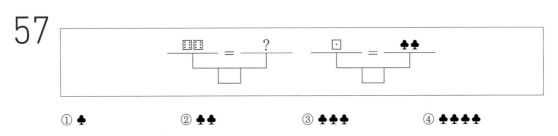

① ♣　　　　② ♣♣　　　　③ ♣♣♣　　　　④ ♣♣♣♣

58

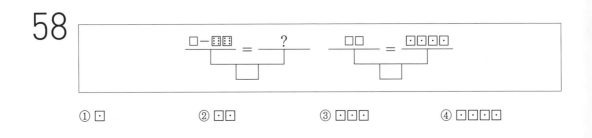

① ⊡　　　　② ⊡⊡　　　　③ ⊡⊡⊡　　　　④ ⊡⊡⊡⊡

[59~60] 다음의 조건을 보고 '?'에 들어갈 문자를 고르시오.

조건

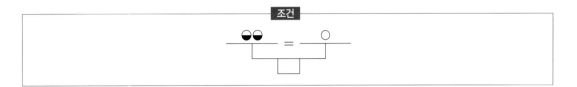

59

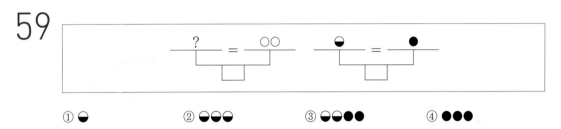

① ◗   ② ◗◗◗   ③ ◗◗●●   ④ ●●●

60

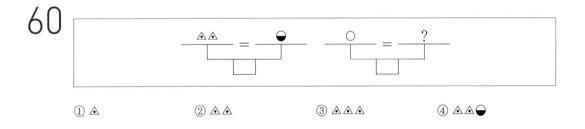

① △   ② △△   ③ △△△   ④ △△◗

다음의 조건을 보고 '?'에 들어갈 문자를 고르시오.

조건

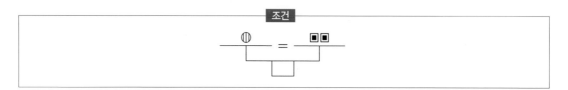

61

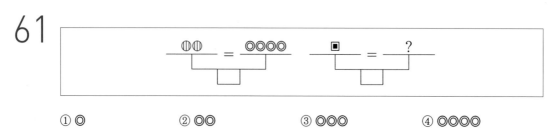

① ◎　　　　② ◎◎　　　　③ ◎◎◎　　　　④ ◎◎◎◎

62

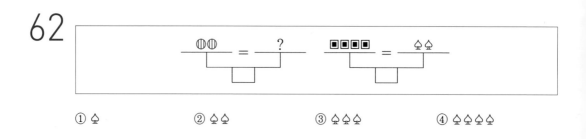

① ♤　　　　② ♤♤　　　　③ ♤♤♤　　　　④ ♤♤♤♤

[63~64] 다음의 조건을 보고 '?'에 들어갈 문자를 고르시오.

63

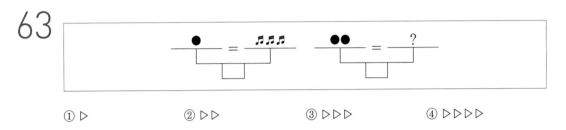

① ▷

② ▷▷

③ ▷▷▷

④ ▷▷▷▷

64

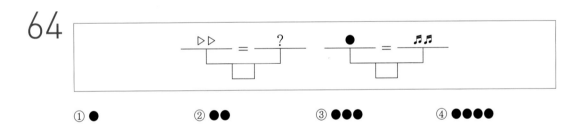

① ●

② ●●

③ ●●●

④ ●●●●

조건

65

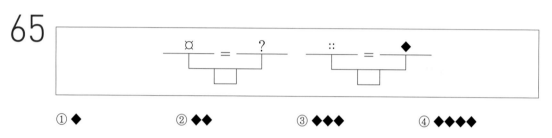

① ◆   ② ◆◆   ③ ◆◆◆   ④ ◆◆◆◆

66

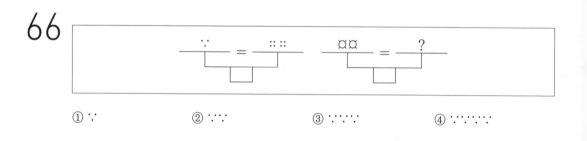

① ∵   ② ∵∵   ③ ∵∵∵   ④ ∵∵∵∵

[67~68] 다음의 조건을 보고 '?'에 들어갈 문자를 고르시오.

조건

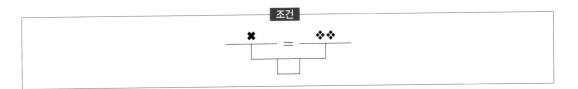

67

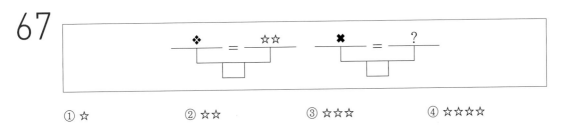

① ☆   ② ☆☆   ③ ☆☆☆   ④ ☆☆☆☆

68

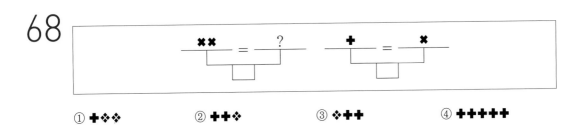

① ✚❖❖   ② ✚✚❖   ③ ❖✚✚   ④ ✚✚✚✚✚

다음의 조건을 보고 '?'에 들어갈 문자를 고르시오.

조건

69

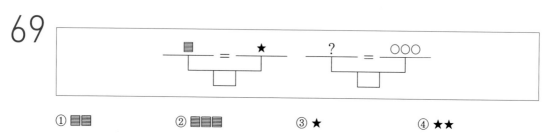

① ▤▤　　　② ▤▤▤　　　③ ★　　　④ ★★

70

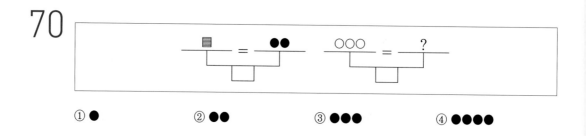

① ●　　　② ●●　　　③ ●●●　　　④ ●●●●

MEMO

인성검사 개요

인성검사 모의연습

인성검사

인성검사

원만한 인간관계, 조직에의 적응, 정신질환의 유무, 정서적 안정의 정도를 파악하기 위해 개인이 갖는 다양한 심리적 특성인 성격과 품성을 검사합니다.

인성검사의 개요

1 인성의 개념

인성이란 사람이 갖는 다양한 심리적 특성을 총칭하는 것으로 영어의 personality, 즉 사람됨을 의미한다. 우리말은 사람됨을 성품, 인품, 인격, 인성, 성격, 성질, 기질 등 다양한 용어로 표현한다. 이들 용어 중 기질과 성질 등은 체질적이고 감성적 특성을, 인품과 인격 등은 인지적이고 도덕적인 특성을 강조하며, 우리가 일반적으로 사용하는 성격은 비교적 중립적인 의미를 갖는다.

2 인성검사의 목적

그동안 우리나라의 인사선발 제도는 인간성 자체의 평가보다는 학력·성적·경력을 우선한 서류전형과 입사시험 및 신체적 요건 등의 외향적 평가에 치중되어 있었다. 그러나 이것은 직원이 직무수행 중의 정서 불안 및 직업 부적응 등으로 갖가지 사고 및 사건을 유발하는 원인이 되기도 하였다. 선발된 응시생의 경력과 학력 그리고 성적이 아무리 우수하더라도 그가 사회 병리, 즉 성격 결함이나 신경성 질환 또는 정신질환 등의 증세가 있는 사람인 경우 기업이 입을 손실은 실로 엄청나다고 할 수 있다. 따라서 인성검사는 결함자를 제외하고 적정 인재를 적재적소에 배치하는 데 그 목적이 있다고 하겠다.

❸ 인성검사 시 유의사항

1. 충분한 휴식으로 불안을 없애고 정서적인 안정을 취한다. 심신이 안정되어야 자신의 마음을 표현할 수 있다.
2. 생각나는 대로 솔직하게 응답한다. 자신을 너무 과대포장하지도 너무 비하시키지도 말아야 한다. 답변을 꾸며서 하면 앞뒤가 맞지 않게끔 구성돼 있어 불리한 평가를 받게 되므로 솔직하게 답하도록 한다.
3. 검사문항에 대해 지나치게 생각해서는 안 된다. 지나치게 몰두하면 엉뚱한 답변이 나올 수 있으므로 불필요한 생각은 삼간다.
4. 인성검사는 대개 문항수가 많기에 자칫 건너뛰는 경우가 있는데, 가능한 주어진 시간 내에 모든 문항에 답해야 한다. 응답하지 않은 문항이 많을 경우 정확한 평가를 내리기 어려워 불리해질 수 있다.

❹ 인성검사의 유형

30분 동안 250문항을 읽고 자신의 생각이나 성격의 알맞은 정도를 보기에서 선택하는 유형이다.

⑩ 다음 질문을 읽고, ①~⑤ 중 자신에게 해당하는 것을 고르시오(① 전혀 그렇지 않다, ② 약간 그렇지 않다, ③ 보통이다, ④ 약간 그렇다, ⑤ 매우 그렇다).

한번 실패해도 포기하지 않고 계속 시도하는 편이다.

전혀 그렇지 않다	약간 그렇지 않다	보통이다	약간 그렇다	매우 그렇다
①	②	③	④	⑤

인성검사 모의연습

다음 질문을 읽고, ①~⑤ 중 자신에게 해당하는 것을 고르시오(① 전혀 그렇지 않다, ② 약간 그렇지 않다, ③ 보통이다, ④ 약간 그렇다, ⑤ 매우 그렇다).

	전혀 그렇지 않다	약간 그렇지 않다	보통이다	약간 그렇다	매우 그렇다
01 여러 사람 앞에서 이야기하는 것을 좋아하지 않는다.	①	②	③	④	⑤
02 낯가림이 심해서 처음 만난 사람과 금방 친해지지 못한다.	①	②	③	④	⑤
03 행동이 조심스럽고 조용한 편이다.	①	②	③	④	⑤
04 일을 추진하는 데 있어서 소극적이다.	①	②	③	④	⑤
05 의사를 당장 결정하지 못하고 시간이 걸린다.	①	②	③	④	⑤
06 일을 처리하는 데 신중하고 사려가 깊다.	①	②	③	④	⑤
07 실제로 행동하기까지 많은 시간이 걸린다.	①	②	③	④	⑤
08 활동적인 스포츠를 좋아한다.	①	②	③	④	⑤
09 외부에서 행동하는 것을 좋아한다.	①	②	③	④	⑤
10 일을 신속하고 추진력 있게 처리한다.	①	②	③	④	⑤
11 한번 시작한 일은 끝날 때까지 멈추지 않는다.	①	②	③	④	⑤
12 한 가지 일에 몰두하여 집중한다.	①	②	③	④	⑤
13 일찍 포기하지 않고 인내심이 많다.	①	②	③	④	⑤
14 스케줄에 따라 계획하고 행동한다.	①	②	③	④	⑤
15 일할 때 빈틈이 없고 꼼꼼하다.	①	②	③	④	⑤
16 즉흥적으로 일을 처리하지 않는다.	①	②	③	④	⑤
17 리더십이 강하고 남들 앞에 나서기를 좋아한다.	①	②	③	④	⑤
18 성공이나 출세하고 싶어 한다.	①	②	③	④	⑤
19 무슨 일이든 도전하여 일인자가 되고 싶어 한다.	①	②	③	④	⑤
20 마음먹은 일은 곧바로 실천에 옮긴다.	①	②	③	④	⑤
21 남이 시키기 전에 스스로 나서서 처리한다.	①	②	③	④	⑤
22 빠르게 결단을 내리고 신속하게 행동한다.	①	②	③	④	⑤
23 근심과 걱정이 많은 편이다.	①	②	③	④	⑤

		전혀 그렇지 않다	약간 그렇지 않다	보통이다	약간 그렇다	매우 그렇다
24	주변에서 일어나는 일들에 관심이 많다.	①	②	③	④	⑤
25	일이 뜻대로 되지 않으면 신경질적이 된다.	①	②	③	④	⑤
26	소리에 예민하고 쉽게 반응한다.	①	②	③	④	⑤
27	일을 부정적으로 생각한다.	①	②	③	④	⑤
28	걱정거리가 있으면 속으로 끙끙거린다.	①	②	③	④	⑤
29	사소한 일에 신경을 쓰는 편이다.	①	②	③	④	⑤
30	문제가 생기면 너무 깊게 생각한다.	①	②	③	④	⑤
31	변덕이 심하다.	①	②	③	④	⑤
32	귀가 얇다는 소리를 듣는다.	①	②	③	④	⑤
33	의지가 약하고 쉽게 포기한다.	①	②	③	④	⑤
34	남들의 말에 쉽게 생각을 바꾼다.	①	②	③	④	⑤
35	여러 사람과 있기보다는 혼자 있는 것을 더 좋아한다.	①	②	③	④	⑤
36	혼자서 여행하기를 좋아한다.	①	②	③	④	⑤
37	다른 사람과 상의하기보다는 혼자서 처리한다.	①	②	③	④	⑤
38	자신감과 자존심이 강한 편이다.	①	②	③	④	⑤
39	고집이 세어 남들에게 지기 싫어한다.	①	②	③	④	⑤
40	다른 사람과 의견이 다르면 설득시키려고 한다.	①	②	③	④	⑤
41	자신의 주장이 반영되지 않으면 못마땅해 한다.	①	②	③	④	⑤
42	남들과 수다떨기를 좋아한다.	①	②	③	④	⑤
43	쉽게 기분이 들뜨고 좋아진다.	①	②	③	④	⑤
44	남 앞에서 우쭐거리는 일이 많다.	①	②	③	④	⑤
45	낙천적이어서 일을 여유 있게 처리한다.	①	②	③	④	⑤
46	장난을 치거나 소란을 잘 피운다.	①	②	③	④	⑤
47	화를 내는 일이 거의 없다.	①	②	③	④	⑤
48	거짓말을 해 본 적이 거의 없다.	①	②	③	④	⑤
49	사람을 의심해 본 적이 거의 없다.	①	②	③	④	⑤
50	이성에 대해 호감을 가진 적이 없다.	①	②	③	④	⑤

UK(Uchida Kraepelin)작업태도검사

1. 의의

① UK검사는 작업 검사의 대표적인 방법인 우찌다-크레펠린 정신 작업 검사의 약칭이다. 일정한 조건 아래 반복되는 단순 작업을 실시하여 그 작업량과 작업 곡선의 패턴에서 인격을 파악하려는 검사로, 개인 성격의 정상·이상을 판단하는 심리검사법이다(단, 성격 전반에 대한 정보를 얻는 데에는 어려움이 있다).

② 검사의 실시가 용이하고 집단적인 실시가 가능하며 비언어적 수법을 사용한다.

2. 검사 방법

① 무작위로 선정한 한 자리 숫자를 옆으로 길게 늘어놓은 용지를 사용한다(1행의 숫자가 가로 100자, 세로 15행).

② 시작 신호와 동시에 첫 행의 왼쪽부터 차례로 더한다. '다음 줄'이란 신호가 있으면 첫 행을 다 계산하지 못했더라도 다음 행으로 넘어가야 한다. 시험 배정 시간은 표준적으로 전반 본검사 15분, 휴식 5분, 후반 본검사 15분이다.

③ 각 행의 앞·뒤의 숫자(앞의 수와 바로 다음 수)를 더해서 나온 답의 일의 자리 숫자만을 양 숫자의 아래쪽 사이에 써 나간다.

④ 중간에 휴식 시간이 있고, 휴식이 끝나면 지시에 따라 전과 같은 방법으로 다시 작업을 시작한 후 '끝' 하는 신호가 있을 때까지 진행한다.

⑤ 각 행의 작업이 이루어진 최후의 숫자(각 행에서 계산이 끊긴 곳의 숫자를 연결)를 연결하여 작업 곡선을 만드는 것으로 검사 결과를 정리한다.

⑥ 정형화된 표준 곡선과 수험자의 곡선을 비교하여 성격을 판정한다. 이때 작업량뿐 아니라 오산(誤算) 등도 검사에 반영된다.

3. 측정 요인

휴식 전 작업 곡선과 휴식 후 작업 곡선을 기준으로 초두 노력의 결여, 평균 오류량, 휴식 효과율 등을 판정하여 성격적인 측면을 검사한다.

① **평균 작업량** : 휴식 후 15분간 작업량의 평균 작업량을 측정(양적 측정)

② **초두 노력률** : 작업을 처음 시작할 때의 의지와 긴장도를 측정

③ **평균 오류량** : 휴식 전후의 1줄에 대한 평균 오류량을 측정

④ **휴식 효과율** : 휴식 후의 작업 증가율을 나타내는 요인(작업량이 휴식 전보다 낮다면 휴식 효과 결여)

4. 곡선의 특징

1) 일반적인 경우

① 전반부 · 후반부 모두 처음 작업량이 가장 많음(초두 효과)

② 전반부의 경우 작업량이 하락하다가 일정 시점부터 다시 상승

③ 후반부 곡선은 하강하다가 일시적으로 상승하고, 그 후에는 최후까지 하강

④ 후반부는 전반부보다 작업량이 많음(휴식 효과)

2) 이상경향의 경우

① 전반부 · 후반부 모두 처음 작업량이 적음(초두 노력의 결여)

② 전체적으로 작업량의 변동폭이 큼

③ 후반부 작업량이 전반부와 별 차이가 없거나 작음(휴식 효과의 결여)

④ 대체적으로 작업량이 적고 급격하게 하강(긴장 결여)

5. UK작업태도검사의 예

```
6   5   9   7   4   5   3   4   1   9   4   2   3   6   8   7   4   8   2
  1   4   6   1   9   8   7   5   0   3   6   5   9   4   5
4   7   1   3   5   6   8   2   9   2   6   4   8   5   4   3   1   9   4
  1   8   4   8   1   4   0   1   1   8   0
7   3   9   1   4   6   9   8   3   5   7   1   8   4   2   9   6   5   1
  0   2   0   5   0   5   7   1   8   2   8   9   2
1   7   2   9   4   3   5   8   1   5   7   4   6   2   9   5   7   2   6
  8   9   1   3   7   8   3   9
8   9   5   8   1   6   3   6   9   4   3   7   9   8   1   6   8   7   5
  7   4   3   9   7   9   9   5   3   7
```

※ 각 행의 숫자에 있는 밑줄 표시는 1분 동안 수험자가 계산을 행한 곳까지를 표시한 것으로, 각 행의 숫자의 합계를 그래프에 표시를 해서 표준적인 곡선과 비교한다.

[검사 계산법]

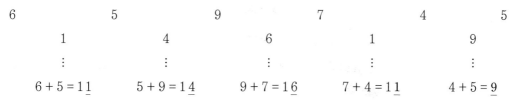

UK검사 연습 문제

1-1. 전반

```
6 8 7 9 4 3 8 5 3 7 6 4 8 9 4 8 6 5 8 7 6 3 2 7 4 3 6 9 1 4
8 2 9 3 4 5 8 5 4 8 5 4 7 6 8 4 5 9 7 6 9 8 4 8 8 5 2 3 8 9
5 7 4 9 6 8 3 7 6 8 7 5 9 4 8 7 6 5 9 4 6 3 5 7 6 8 1 7 6 3
9 6 4 8 5 7 6 4 5 7 8 4 9 7 6 4 8 5 7 6 3 8 9 4 7 7 5 6 1 2
4 8 3 2 7 6 5 9 4 7 3 8 6 4 9 4 7 6 8 5 8 7 3 6 4 9 6 3 3 7
6 4 8 9 3 7 6 4 7 5 8 7 3 4 8 6 4 7 5 8 7 6 4 8 9 7 5 3 9 5
3 9 4 8 6 7 5 8 6 4 5 9 3 8 6 7 3 5 4 9 7 3 8 6 7 4 5 1 6 7
5 8 3 7 6 4 8 9 2 5 7 6 4 8 2 3 8 4 6 5 7 4 8 9 4 7 8 9 4 6
4 7 9 8 6 5 9 5 7 6 8 5 8 4 5 7 8 6 4 9 3 8 6 7 5 8 7 5 8
2 9 5 8 3 7 6 4 8 9 2 5 7 6 4 8 2 3 8 4 6 5 7 4 8 9 4 5 5 1
7 3 9 2 8 9 4 6 4 9 5 8 5 7 6 4 5 3 8 9 3 6 7 2 5 7 4 8 9 7
8 3 7 6 4 9 5 7 6 4 9 8 7 3 8 6 4 9 7 5 8 4 3 8 4 2 9 2 8 5
1 9 5 8 3 2 5 5 4 9 6 7 5 9 7 4 6 9 4 8 5 7 6 4 9 5 7 6 7 3
9 4 6 4 9 5 3 5 5 2 1 1 7 8 5 7 6 8 3 9 4 6 8 7 5 4 8 5 8 6
7 6 7 5 9 8 4 6 7 4 9 7 6 8 4 6 7 8 3 4 8 5 7 6 8 4 3 2 6 6
```

1-2. 후반

```
9 2 7 6 5 4 8 3 1 9 2 7 5 6 4 8 3 6 8 5 7 4 8 5 6 2 9 1 9 3
5 7 6 4 8 2 4 3 2 9 8 7 6 9 4 5 9 8 4 6 7 5 7 6 4 3 8 2 7 2
8 6 4 5 8 9 4 6 7 2 8 3 7 9 6 4 5 8 6 7 8 4 9 5 4 5 7 6 8 9
6 7 9 5 4 8 3 7 5 4 8 6 7 5 7 8 9 8 9 4 5 3 6 8 7 6 1 7 3 5
3 8 8 7 5 9 4 8 6 4 8 6 4 8 7 4 7 5 9 6 4 8 4 9 6 7 5 4 8 9
2 9 9 4 6 5 7 2 8 3 5 8 5 7 5 6 9 9 9 4 3 8 6 7 9 8 3 9 2 1 8
5 4 9 3 8 6 7 9 4 8 3 5 8 4 9 7 5 6 8 4 8 7 6 4 9 7 3 9 4 1
7 6 4 9 4 8 3 4 5 6 7 5 8 9 7 3 7 6 2 8 2 1 9 6 7 3 8 4 2 7
4 9 5 6 7 3 8 1 2 9 1 7 6 5 4 3 7 8 5 2 9 2 3 4 4 8 9 5 9 4
8 4 6 3 5 7 9 3 4 6 8 2 7 5 9 8 3 4 6 7 5 9 8 4 8 7 6 3 5 6
6 7 8 5 2 5 9 4 8 4 6 3 8 5 7 2 9 8 4 6 7 3 1 8 2 9 4 7 6 8
1 5 4 9 6 7 3 5 7 4 9 2 8 6 4 3 7 5 1 8 4 5 7 8 4 6 8 9 9 2
2 8 7 3 6 5 9 3 4 6 5 9 9 3 3 4 6 7 8 5 3 4 8 3 8 6 4 9 5 7
5 7 3 4 9 5 8 6 2 8 6 8 4 4 6 9 5 7 3 8 6 4 9 1 5 3 7 8 4 6
8 5 7 4 8 6 3 7 9 3 5 4 9 8 8 6 5 4 1 7 8 9 2 3 4 5 6 9 8 2
```

2-1. 전반

```
9 7 2 6 8 4 1 5 6 7 2 4 9 3 8 5 7 1 4 9 3 8 4 8 6 1 7 2 5 8
1 3 8 4 2 5 7 9 6 4 5 9 8 3   6 9 7 1 2 6 4 5 9 6 4 5 9 6 3
3 7 5 1 8 2 6 5 9 4 7 8 6 1 7 2 5 8 3 5 9 3 2 8 2 6 7 5 9 2
5 7 3 4 8 3 1 9 4 7 5 3 6 8 2 7 5 1 8 2 4 9 6 5 1 8 2 6 5 9
9 3 6 4 7 9 3 8 5 2 7 1 6 8 7 4 9 5 6 2 1 8 5 6 1 9 7 5 1 8
2 7 5 1 8 4 2 9 6 5 7 3 4 5 8 2 4 6 1 5 2 7 8 4 2 6 1 9 5 3
4 6 9 3 5 6 2 4 1 3 8 5 7 9 2 6 4 5 9 6 4 3 7 7 4 6 1 2 7 6
5 1 8 4 3 7 8 2 6 9 5 1 4 6 7 2 8 3 5 7 9 1 4 3 4 6 9 4 2 5
7 4 9 6 3 2 8 3 1 5 6 9 2 7 4 6 9 1 8 6 2 7 5 1 8 4 2 3 4 6
2 8 5 9 4 3 7 5 6 9 2 6 4 5 9 3 6 4 6 4 7 3 8 2 4 6 5 9 8 7
9 6 4 7 5 4 6 4 5 9 6 7 9 1 4 6 9 2 5 3 3 8 6 2 7 3 2 8 3 6
3 6 5 7 8 4 6 4 1 9 5 2 7 8 5 4 1 9 6 4 2 5 7 3 8 1 6 7 4 9
6 9 4 2 8 1 5 7 2 8 6 3 5 7 1 4 9 1 3 4 8 7 2 9 6 4 7 9 3 1
5 3 6 7 3 4 6 9 3 1 8 6 7 4 9 3 2 8 5 6 7 9 3 5 8 4 3 8 5 2
4 2 6 1 9 5 3 8 7 3 4 6 9 5 4 6 3 9 7 5 6 2 8 7 5 9 6 4 8 9
```

2-2. 후반

```
3 5 4 9 1 3 9 5 4 3 8 4 9 6 8 4 2 3 8 4 3 6 8 7 6 2 2 7 6 8
9 3 8 7 7 5 3 6 8 5 2 8 7 2 4 6 9 5 2 7 8 9 5 2 4 6 6 9 5 4
5 7 4 4 2 6 5 7 5 1 5 8 7 4 5 8 7 4 6 5 3 5 7 8 4 8 8 9 7 6
4 5 7 8 9 9 5 4 2 3 5 4 7 7 8 4 5 2 9 8 4 5 6 3 2 4 4 7 8 5
8 2 3 6 5 4 2 4 1 2 5 4 1 2 5 4 5 9 7 6 3 5 4 8 7 6 6 9 5 4
2 1 4 9 2 4 6 8 7 3 6 5 8 4 2 7 6 9 8 5 7 9 2 4 6 1 1 8 3 7
1 5 6 9 7 0 9 5 4 3 7 6 1 8 2 7 5 4 9 6 7 3 8 4 2 3 3 6 7 9
6 8 3 7 9 5 3 8 6 6 7 9 5 3 8 4 9 7 5 8 1 2 6 6 8 5 5 9 5 7
7 4 1 2 5 2 9 4 9 3 6 4 7 1 9 6 3 6 5 3 4 5 9 7 4 6 6 5 8 6
5 3 5 4 7 8 4 7 8 5 9 6 2 4 4 7 5 6 9 8 7 8 1 2 3 5 5 7 9 9
8 9 6 4 2 6 8 7 4 6 3 5 4 7 9 2 4 6 3 1 9 6 4 6 9 2 2 5 2 1
4 6 9 7 6 3 7 9 4 5 7 9 2 3 6 4 7 5 8 8 5 6 3 5 9 6 6 4 4 3
6 9 5 2 3 5 3 2 8 7 1 4 6 4 3 2 1 3 9 6 2 5 8 7 6 4 4 6 1 8
3 8 7 6 5 9 4 3 2 9 8 7 5 3 8 7 6 1 7 9 8 6 5 4 3 5 5 8 7 7
7 9 8 6 1 2 6 5 4 3 1 2 8 8 9 9 6 7 8 9 4 3 7 8 2 4 4 6 4 6
```

03

정답 및 해설

정답

01. ③	02. ②	03. ②	04. ①	05. ④	06. ①	07. ④	08. ③	09. ①	10. ③	11. ②	12. ④	13. ①	14. ②	15. ③
16. ④	17. ④	18. ③	19. ②	20. ①	21. ③	22. ④	23. ①	24. ②	25. ②	26. ①	27. ④	28. ③	29. ④	30. ②
31. ①	32. ③	33. ①	34. ④	35. ③	36. ②	37. ④	38. ①	39. ③	40. ②	41. ④	42. ①	43. ②	44. ③	45. ②
46. ①	47. ③	48. ④	49. ①	50. ④	51. ②	52. ④	53. ④	54. ①	55. ③	56. ④	57. ④	58. ②	59. ④	60. ③
61. ④	62. ③	63. ①	64. ③	65. ②	66. ④	67. ②	68. ③	69. ④	70. ③					

해설

01　$13+29=42$

02　$35+81=116$

03　$23+48+1=72$

04　$33+41-12=74-12=62$

05　$2\times27+54=54+54=108$

핵심정리
기본계산 영역의 혼합계산 순서 ㉠ 괄호가 있으면 소괄호 ( ), 중괄호 { }, 대괄호 [ ] 순으로 계산한다. ㉡ 곱셈과 나눗셈을 계산한다. ㉢ 덧셈과 뺄셈을 계산한다.

06　$35+24\times2=35+48=83$

07　$32\div4+5\times7=8+35=43$

08　$100-30\div10\times5=100-15=85$

09　$27\div9-9+3\times5=3-9+15=9$

10　$1+2+3+4+5+6+7+8+9+10=55$

11　$19+92+12+16-127=12$

12　$45\times42\div25\times5=378$

13　$(12+15)\div3+32=27\div3+32=41$

14　$2\times(49+49+49)=2\times147=294$

15 $(288 \div 18) - 101 + 8 \times 31 = 16 - 101 + 248 = 163$

16 $504 \div 14 + 325 \div 25 = 36 + 13 = 49$

17 $120 - 224 \div 16 - (8 \times 12) = 120 - 14 - 96 = 10$

18 $28 \times 51 + 72 = 1{,}428 + 72 = 1{,}500$

19 $7{,}895 - 2{,}027 + 1{,}216 = 7{,}084$

20 $2{,}022 + 2{,}023 \times 2 - 2{,}024 \div 11 = 2{,}022 + 4{,}046 - 184 = 5{,}884$

21 $1^2 + 2^2 + 3^2 + 4^2 + 5^2 + 11^2 + 12^2 - 15^2 = 1 + 4 + 9 + 16 + 25 + 121 + 144 - 225 = 95$

22 $1^2 - 2^2 + 3^2 - 4^2 + 5^2 - 6^2 + 7^2 = 1 - 4 + 9 - 16 + 25 - 36 + 49 = 28$

23 $1^3 + 2^3 + 3^3 + 4^3 + 5^3 + 6^3 + 7^3 = 1 + 8 + 27 + 64 + 125 + 216 + 343 = 784$

24 $1^3 - 2^3 + 3^3 - 4^3 + 5^3 - 6^3 + 7^3 = 1 - 8 + 27 - 64 + 125 - 216 + 343 = 208$

25 $7 \times 7 + 2 \times 7 + 1 = 49 + 14 + 1 = 64$

26 $1{,}296 \div 6 \div 6 - 625 \div 5 \div 5 + 16 \div 4 - 3 = 36 - 25 + 4 - 3 = 12$

27 $1 + 2 - 3 + 5 - 8 + 13 - 21 + 34 - 55 \times 0 = 23 - 0 = 23$

28 $(5^3 - 1) \div 2 = 124 \div 2 = 62$

29 $(500 \div 25 - 19) + 27 \times 0 - 11 + 2 \times 5 = 1 + 0 - 11 + 10 = 0$

30 $25.6 + 48.2 - 8.1 = 65.7$

31 $25.3 \times 3 + 4.9 = 75.9 + 4.9 = 80.8$

32 $91 \div 2 + 2.6 \times 12 = 45.5 + 31.2 = 76.7$

33 $192 \div 0.6 - 126 \times 1.8 = 320 - 226.8 = 93.2$

34 $-5 \times 4 + 330 \div 4 = -20 + 82.5 = 62.5$

35 $0.14 \times 70 + (-22) \times 11 = 9.8 - 242 = -232.2$

36 $75 \div 5 - 555 = 15 - 555 = -540$

37 $1{,}111 \times 2 \div 4 = 2{,}222 \div 4 = 555.5$

38 $20.25 \times 111 - 450 \div 2 + (-7.5) \times 0.1 = 2{,}247.75 - 225 - 0.75 = 2{,}022$

39 $4^3 \div 2 + 0.4 \times 45 \times 2 - 2.6 \times 5 = 32 + 36 - 13 = 55$

40 $480 \times 0.7 + 240 \times 0.6 + 510 \div 17 - 20 = 336 + 144 + 30 - 20 = 490$

41 ① 77, ② 71, ③ 71, ④ 78의 값을 갖는다.

42 ① 29, ② 28, ③ 28, ④ 27의 값을 갖는다.

43 ① 12.8, ② 13.6, ③ 13.4, ④ 13.2의 값을 갖는다.

44 ① 120, ② 140, ③ 146, ④ 144의 값을 갖는다.

45 ① 36, ② 42, ③ 30, ④ 36의 값을 갖는다.

46 ① 970, ② 1,010, ③ 1,010, ④ 1,030의 값을 갖는다.

47 ① 2.1, ② 3.1, ③ 2.0, ④ 2.1의 값을 갖는다.

48 ① 3, ② 4, ③ 9, ④ −7의 값을 갖는다.

49 ① 479.6, ② 504.25, ③ 1347.4, ④ 480.3의 값을 갖는다.

50 ① 1,120, ② 912, ③ 819, ④ 72의 값을 갖는다.

51 $\dfrac{3}{4} \times \dfrac{7}{8} \div 3 + \dfrac{1}{6} = \dfrac{3}{4} \times \dfrac{7}{8} \times \dfrac{1}{3} + \dfrac{1}{6} = \dfrac{7}{32} + \dfrac{1}{6} = \dfrac{21}{96} + \dfrac{16}{96} = \dfrac{37}{96}$

52 $1^2 + 2^2 + 3^2 - 11^2 - 12^2 - 13^2$
$= 1^2 - 11^2 + 2^2 - 12^2 + 3^2 - 13^2$
$= (1-11)(1+11) + (2-12)(2+12) + (3-13)(3+13)$
$= (-10) \times 12 + (-10) \times 14 + (-10) \times 16$
$= (12+14+16) \times (-10)$
$= -420$

53 $11 \div 5 + \dfrac{1}{2} \times 2.5 = \dfrac{11}{5} + \dfrac{5}{4} = \dfrac{69}{20}$

54 $\left(\dfrac{7}{4} \times \dfrac{5}{14} \div \dfrac{9}{10}\right) - \dfrac{1}{2} = \left(\dfrac{5}{8} \times \dfrac{10}{9}\right) - \dfrac{1}{2} = \dfrac{25}{36} - \dfrac{1}{2} = \dfrac{7}{36}$

55 $\{6 \times (-1)\} + \dfrac{3}{5} = -6 + \dfrac{3}{5} = -\dfrac{27}{5}$

56 $\left(3.25 \div \dfrac{1}{3}\right) - (1.5 \times 5.2) = 9.75 - 7.8 = 1.95$

57 $\left(\dfrac{3}{4} \times \dfrac{4}{5} \times \dfrac{5}{6} \times \dfrac{6}{7}\right) + \left(\dfrac{1}{4} \div \dfrac{1}{5} \div \dfrac{1}{6}\right) = \dfrac{3}{7} + \dfrac{15}{2} = \dfrac{111}{14}$

58 $\dfrac{1}{3} + \dfrac{1}{4} \div \dfrac{3}{4} \times \dfrac{2}{3} = \dfrac{1}{3} + \dfrac{1}{4} \times \dfrac{4}{3} \times \dfrac{2}{3} = \dfrac{1}{3} + \dfrac{2}{9} = \dfrac{5}{9}$

59 $\dfrac{3}{4} \times \left(\dfrac{1}{2} + \dfrac{1}{12}\right) \div 3 = \dfrac{3}{4} \times \dfrac{7}{12} \times \dfrac{1}{3} = \dfrac{7}{48}$

60 $(44^2 - 33^2) \div 11 = \{(44-33)(44+33)\} \div 11 = 11 \times 77 \div 11 = 77$

61 $\left(\dfrac{2}{5} + \dfrac{8}{5}\right)^2 - 100 = \left(\dfrac{10}{5}\right)^2 - 100 = 4 - 100 = -96$

62 $3.3 \times 3 + 4.4 \times 4 + 5.5 \times 5 = 1.1 \times 3 \times 3 + 1.1 \times 4 \times 4 + 1.1 \times 5 \times 5 = 1.1(9+16+25) = 1.1 \times 50 = 55$

63 $\left(\dfrac{3}{4} \times \dfrac{6}{14} \div \dfrac{9}{10}\right) - \dfrac{1}{2} = \left(\dfrac{3}{4} \times \dfrac{6}{14} \times \dfrac{10}{9}\right) - \dfrac{1}{2} = \dfrac{5}{14} - \dfrac{1}{2} = -\dfrac{1}{7}$

64　$7 \times (-2) + \dfrac{3}{4} = \{7 \times (-2)\} + \dfrac{3}{4} = -14 + \dfrac{3}{4} = -\dfrac{53}{4}$

65　$\dfrac{1}{3} + \dfrac{1}{4} \div \dfrac{3}{4} = \dfrac{1}{3} + \dfrac{1}{4} \times \dfrac{4}{3} = \dfrac{1}{3} + \dfrac{1}{3} = \dfrac{2}{3}$

66　$\dfrac{4}{5} \times \left(\dfrac{1}{4} + \dfrac{1}{3}\right) \div 2 = \dfrac{4}{5} \times \dfrac{7}{12} \times \dfrac{1}{2} = \dfrac{7}{30}$

67　$(1{,}000{,}000 - 9{,}990) \div 5 = 990{,}010 \div 5 = 198{,}002$

68　$39.4 \times 13.2 - 15.4 = 520.08 - 15.4 = 504.68$

69　$42.5 \times 12.8 - 13.2 = 544 - 13.2 = 530.8$

70　$33.3 \times 12.8 - 42.8 = 426.24 - 42.8 = 383.44$

02 주의집중 영역

본문 35p

▌정답

01. ④	02. ④	03. ③	04. ④	05. ①	06. ②	07. ②	08. ④	09. ③	10. ③	11. ①	12. ③	13. ②	14. ②	15. ④
16. ③	17. ①	18. ④	19. ④	20. ②	21. ①	22. ①	23. ②	24. ③	25. ④	26. ①	27. ①	28. ④	29. ②	30. ②
31. ③	32. ④	33. ③	34. ③	35. ②	36. ③	37. ④	38. ②	39. ③	40. ④	41. ①	42. ④	43. ③	44. ②	45. ④
46. ③	47. ②	48. ④	49. ④	50. ②	51. ③	52. ②	53. ④	54. ①	55. ③	56. ②	57. ④	58. ①	59. ③	60. ①
61. ④	62. ②	63. ①	64. ③	65. ②	66. ④	67. ①	68. ②	69. ②	70. ④					

▌해설

01　문제에서 제시된 도형과 정확히 일치하는 도형은 ④이다.

핵심정리

같은 도형을 찾는 방법
제시된 도형과 선지의 도형을 비교해서 동일한 도형을 찾아야 한다. 도형을 시계·시계 반대 방향으로 회전시키는 경우에는 한눈에
알아보기 어려울 수 있으므로 도형의 특징적인 부분을 미리 파악하고 이와 일치하는지를 확인하는 연습이 필요하다.

02　제시된 도형을 180° 회전시킨 모습과 일치하는 도형은 ④이다.

03　제시된 도형을 시계 반대 방향으로 90° 회전한 모습과 일치하는 도형은 ③이다.

04　제시된 도형을 반시계 방향으로 180° 회전시킨 모습과 일치하는 도형은 ④이다.

05　제시된 도형을 180° 회전시킨 모습과 일치하는 도형은 ①이다.

06   제시된 도형을 시계 방향으로 90° 회전시킨 모습과 일치하는 도형은 ②이다.

07   제시된 도형을 시계 반대 방향으로 90° 회전시킨 모습과 일치하는 도형은 ②이다.

08   문제에서 제시된 도형과 정확히 일치하는 도형은 ④이다.

09   문제에서 제시된 도형과 정확히 일치하는 도형은 ③이다.

10   제시된 도형을 180° 회전시킨 모습과 일치하는 도형은 ③이다.

11   문제에서 제시된 도형과 정확히 일치하는 도형은 ①이다.

12   제시된 도형을 시계 반대 방향으로 90° 회전시킨 모습과 일치하는 도형은 ③이다.

13   제시된 도형을 시계 방향으로 225° 회전시킨 모습과 일치하는 도형은 ②이다.

14   문제에서 제시된 도형과 정확히 일치하는 도형은 ②이다.

15   문제에서 제시된 도형과 정확히 일치하는 도형은 ④이다.

16   문제에서 제시된 도형과 정확히 일치하는 도형은 ③이다.

17   문제에서 제시된 도형과 정확히 일치하는 도형은 ①이다.

18   제시된 도형을 시계 반대 방향으로 90° 회전시킨 모습과 일치하는 도형은 ④이다.

19   제시된 도형을 180° 회전시킨 모습과 일치하는 도형은 ④이다.

20   제시된 도형을 시계 방향으로 90° 회전시킨 모습과 일치하는 도형은 ②이다.

21   문제에서 제시된 도형과 정확히 일치하는 도형은 ①이다.

22   문제에서 제시된 도형과 정확히 일치하는 도형은 ①이다.

23   제시된 도형을 시계 방향으로 90° 회전시킨 모습과 일치하는 도형은 ②이다.

24   제시된 도형을 180° 회전시킨 모습과 일치하는 도형은 ③이다.

25   문제에서 제시된 도형과 정확히 일치하는 도형은 ④이다.

26   문제에서 제시된 도형과 정확히 일치하는 도형은 ①이다.

27   문제에서 제시된 도형과 정확히 일치하는 도형은 ①이다.

28   문제에서 제시된 도형과 정확히 일치하는 도형은 ④이다.

29   문제에서 제시된 도형과 정확히 일치하는 도형은 ②이다.

30   문제에서 제시된 도형과 정확히 일치하는 도형은 ②이다.

31   문제에서 제시된 도형과 정확히 일치하는 도형은 ③이다.

32   문제에서 제시된 도형과 정확히 일치하는 도형은 ④이다.

33   문제에서 제시된 도형과 정확히 일치하는 도형은 ③이다.

34 문제에서 제시된 도형과 정확히 일치하는 도형은 ③이다.

35 문제에서 제시된 도형과 정확히 일치하는 도형은 ②이다.

36 제시된 도형들 중에서 ③만 다른 도형이다.

핵심정리

다른 도형을 찾는 방법
선지의 도형들을 서로 비교해서 한 가지 다른 도형을 찾아야 한다. 이 유형은 도형의 특징적인 요소를 파악하거나 도형을 여러 각도로 회전시켜서 정답을 찾아낼 수 있다. 도형의 특징을 빠른 시간 내에 파악하여 다른 도형을 찾아내는 연습이 필요하다.

37 제시된 도형들 중에서 ④만 다른 도형이다.

38 제시된 도형들 중에서 ②만 다른 도형이다.

39 제시된 도형들 중에서 ③만 다른 도형이다.

40 제시된 도형들 중에서 ④만 다른 도형이다.

41 제시된 도형들 중에서 ④만 다른 도형이다.

42 제시된 도형들 중에서 ④만 다른 도형이다.

43 제시된 도형들 중에서 ③만 다른 도형이다.

44 제시된 도형들 중에서 ②만 다른 도형이다.

45 제시된 도형들 중에서 ④만 다른 도형이다.

46 제시된 도형들 중에서 ③만 다른 도형이다.

47 제시된 도형들 중에서 ②만 다른 도형이다.

48 제시된 도형들 중에서 ③만 다른 도형이다.

49 제시된 도형들 중에서 ④만 다른 도형이다.

50 제시된 도형들 중에서 ②만 다른 도형이다.

51 제시된 도형들 중에서 ③만 다른 도형이다.

52 제시된 도형들 중에서 ②만 다른 도형이다.

53 제시된 도형들 중에서 ④만 다른 도형이다.

54 제시된 도형들 중에서 ①만 다른 도형이다.

55 제시된 도형들 중에서 ③만 다른 도형이다.

56 제시된 도형들 중에서 ②만 다른 도형이다.

57 제시된 도형들 중에서 ④만 다른 도형이다.

58 제시된 도형들 중에서 ①만 다른 도형이다.

59 제시된 도형들 중에서 ③만 다른 도형이다.

60 제시된 도형들 중에서 ①만 다른 도형이다.

61 제시된 도형들 중에서 ④만 다른 도형이다.

62 제시된 도형들 중에서 ②만 다른 도형이다.

63 제시된 도형들 중에서 ①만 다른 도형이다.

64 제시된 도형들 중에서 ③만 다른 도형이다.

65 제시된 도형들 중에서 ②만 다른 도형이다.

66 제시된 도형들 중에서 ④만 다른 도형이다.

67 제시된 도형들 중에서 ①만 다른 도형이다.

68 제시된 도형들 중에서 ②만 다른 도형이다.

69 제시된 도형들 중에서 ②만 다른 도형이다.

70 제시된 도형들 중에서 ④만 다른 도형이다.

03 시각지각 영역

본문 65p

▌정답

01. ①	02. ②	03. ③	04. ④	05. ④	06. ②	07. ②	08. ①	09. ③	10. ③	11. ④	12. ①	13. ②	14. ④	15. ②
16. ①	17. ①	18. ③	19. ④	20. ①	21. ②	22. ②	23. ③	24. ①	25. ④	26. ④	27. ①	28. ②	29. ③	30. ①
31. ②	32. ③	33. ④	34. ①	35. ①	36. ②	37. ②	38. ④	39. ②	40. ④	41. ④	42. ④	43. ④	44. ①	45. ②
46. ④	47. ①	48. ①	49. ④	50. ④	51. ③	52. ①	53. ②	54. ③	55. ②	56. ④	57. ④	58. ②	59. ③	60. ①
61. ④	62. ④	63. ①	64. ②	65. ③	66. ①	67. ②	68. ④	69. ③	70. ②	71. ③	72. ④	73. ②	74. ①	75. ②
76. ①	77. ④	78. ③	79. ①	80. ③	81. ②	82. ④	83. ①	84. ②	85. ③	86. ④	87. ④	88. ③	89. ②	90. ①

▌해설

01

02

03

04

05

06

07

08

09

10

11

12

13

14

15

16

17

18

19

20

21

22

23

24

25

26

27

28

29

30

31

32

33

34

35

36

37

38

39

40

41

42

43

44

45

46

47

48

49

50

51

52

53

54

55

56

57

58

59

60

61

62

63

64

65

66

67

68

69

70

71 ③ abdbkkdbl b llod – abdbkkdbld llod

72 ④ 83838 3 37177138 – 83838 8 37177138

73 ② ○▷◇■◆□▽○□●▼ – ○▷◇■◆□▷○□●▽

74 ① wlzodgjel4wz q rl – wlzodgjel4wz p rl

75 ② ㄱㅋㄷㅋㄱㄱㅋㄱㄲㄲ – ㄱㅋㄷㅋㄱㄲㄱㄱㄲㄲ

76 문제에서 제시된 문자·도형 및 기호열과 동일한 것은 ①이다.

77 문제에서 제시된 문자·도형 및 기호열과 동일한 것은 ④이다.

78 문제에서 제시된 문자·도형 및 기호열과 동일한 것은 ③이다.

79 문제에서 제시된 문자·도형 및 기호열과 동일한 것은 ①이다.

80 문제에서 제시된 문자·도형 및 기호열과 동일한 것은 ③이다.

81 ② \\\\\\\\\\\\ − \\\\\\\\\\\\\

82 ④ 096009609690 − 096609609690

83 ① 간장공장공정장 − 간장공장공장장

84 ② Iwantnobodynsbody − Iwantnobodynobody

85 ③ 夏攎冬扇 − 夏爐冬扇

86 ④ iamyourbigfan − iamyourbigfen

87 ④ 삼성섬상살삶설삭살삯살 − 삼성성상살삶설삭살삯살

88 ③ rrrrrrrrrrbrrrr − rrrrrrrrrrbrrrr

89 ② 연애는필수결혼은선택 − 연애는필수결혼은선탠

90 ① dnjfdydlftlfgdj − dnjfdydlfwhgdk

04 이해력 영역

본문 106p

┃정답

01. ③	02. ②	03. ④	04. ①	05. ①	06. ②	07. ③	08. ①	09. ③	10. ①	11. ②	12. ④	13. ①	14. ④	15. ③
16. ②	17. ①	18. ①	19. ②	20. ③	21. ②	22. ④	23. ②	24. ③	25. ②	26. ④	27. ③	28. ②	29. ④	30. ①
31. ②	32. ③	33. ④	34. ①	35. ②	36. ③	37. ①	38. ②	39. ①	40. ②	41. ③	42. ④	43. ②	44. ①	45. ③
46. ②	47. ④	48. ④	49. ②	50. ③	51. ②	52. ③	53. ④	54. ④	55. ②	56. ②	57. ④	58. ②	59. ②	60. ②
61. ④	62. ③	63. ①	64. ④	65. ②	66. ③	67. ①	68. ④	69. ②	70. ①					

┃해설

01 제시된 그림을 좌우반전하면 이고, 이를 시계 반대 방향으로 90° 회전하면 이 된다.

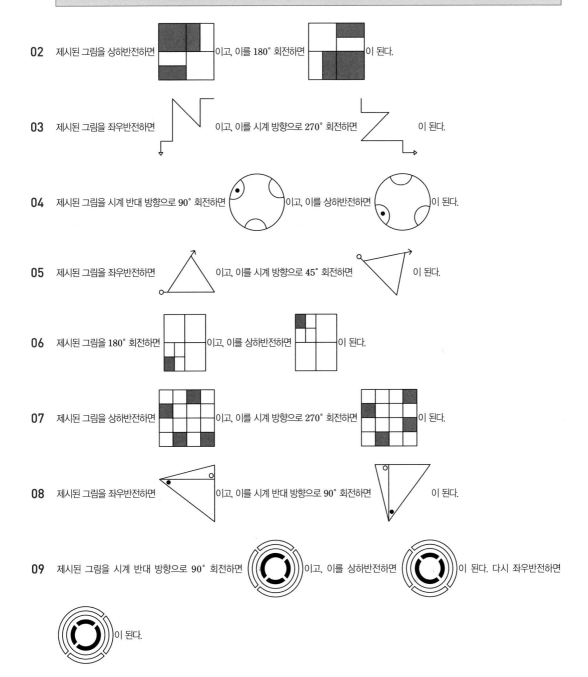

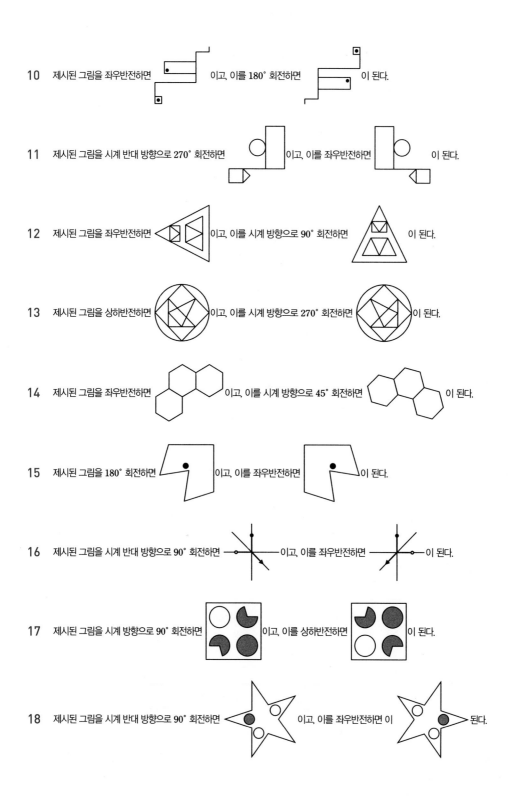

10 제시된 그림을 좌우반전하면 　　　　　이고, 이를 180° 회전하면 　　　　　이 된다.

11 제시된 그림을 시계 반대 방향으로 270° 회전하면 　　　　　이고, 이를 좌우반전하면 　　　　　이 된다.

12 제시된 그림을 좌우반전하면 　　　　　이고, 이를 시계 방향으로 90° 회전하면 　　　　　이 된다.

13 제시된 그림을 상하반전하면 　　　　　이고, 이를 시계 방향으로 270° 회전하면 　　　　　이 된다.

14 제시된 그림을 좌우반전하면 　　　　　이고, 이를 시계 방향으로 45° 회전하면 　　　　　이 된다.

15 제시된 그림을 180° 회전하면 　　　　　이고, 이를 좌우반전하면 　　　　　이 된다.

16 제시된 그림을 시계 반대 방향으로 90° 회전하면 　　　　　이고, 이를 좌우반전하면 　　　　　이 된다.

17 제시된 그림을 시계 방향으로 90° 회전하면 　　　　　이고, 이를 상하반전하면 　　　　　이 된다.

18 제시된 그림을 시계 반대 방향으로 90° 회전하면 　　　　　이고, 이를 좌우반전하면 이 　　　　　된다.

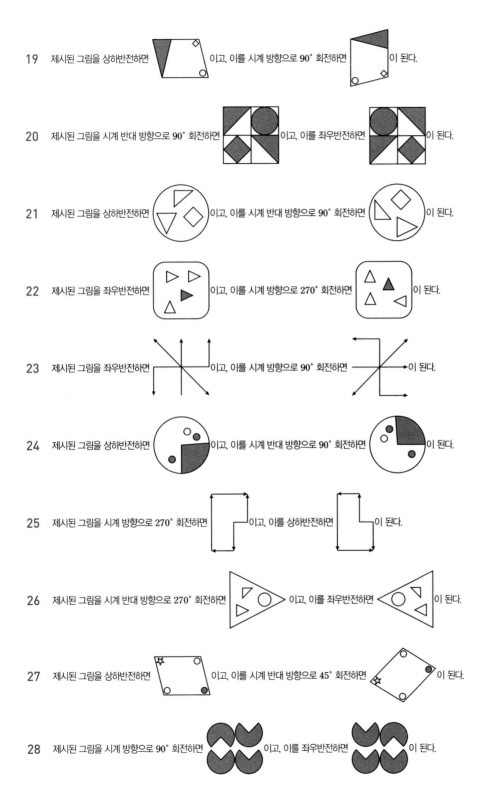

19 제시된 그림을 상하반전하면 [도형]이고, 이를 시계 방향으로 90˚ 회전하면 [도형]이 된다.

20 제시된 그림을 시계 반대 방향으로 90˚ 회전하면 [도형]이고, 이를 좌우반전하면 [도형]이 된다.

21 제시된 그림을 상하반전하면 [도형]이고, 이를 시계 반대 방향으로 90˚ 회전하면 [도형]이 된다.

22 제시된 그림을 좌우반전하면 [도형]이고, 이를 시계 방향으로 270˚ 회전하면 [도형]이 된다.

23 제시된 그림을 좌우반전하면 [도형]이고, 이를 시계 방향으로 90˚ 회전하면 [도형]이 된다.

24 제시된 그림을 상하반전하면 [도형]이고, 이를 시계 반대 방향으로 90˚ 회전하면 [도형]이 된다.

25 제시된 그림을 시계 방향으로 270˚ 회전하면 [도형]이고, 이를 상하반전하면 [도형]이 된다.

26 제시된 그림을 시계 반대 방향으로 270˚ 회전하면 [도형]이고, 이를 좌우반전하면 [도형]이 된다.

27 제시된 그림을 상하반전하면 [도형]이고, 이를 시계 반대 방향으로 45˚ 회전하면 [도형]이 된다.

28 제시된 그림을 시계 방향으로 90˚ 회전하면 [도형]이고, 이를 좌우반전하면 [도형]이 된다.

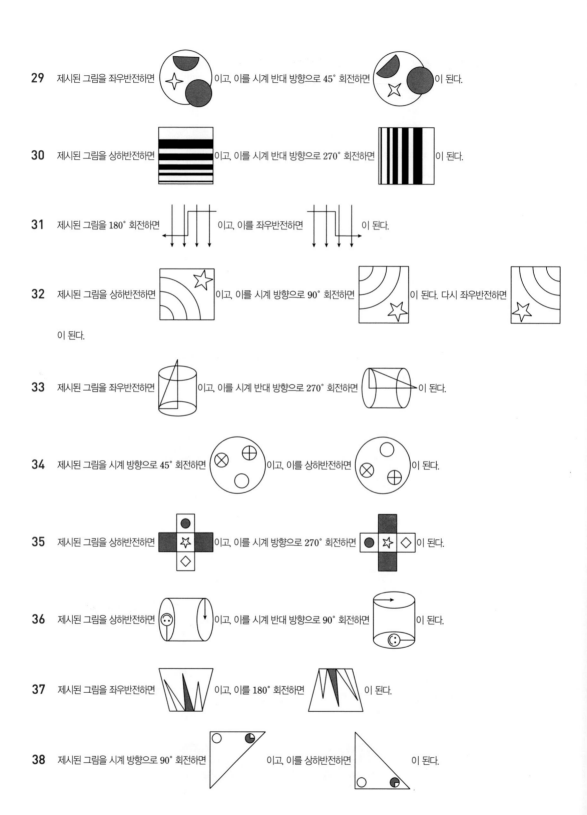

29 제시된 그림을 좌우반전하면 　　　이고, 이를 시계 반대 방향으로 45° 회전하면 　　　이 된다.

30 제시된 그림을 상하반전하면 　　　이고, 이를 시계 반대 방향으로 270° 회전하면 　　　이 된다.

31 제시된 그림을 180° 회전하면 　　　이고, 이를 좌우반전하면 　　　이 된다.

32 제시된 그림을 상하반전하면 　　　이고, 이를 시계 방향으로 90° 회전하면 　　　이 된다. 다시 좌우반전하면

　　　이 된다.

33 제시된 그림을 좌우반전하면 　　　이고, 이를 시계 반대 방향으로 270° 회전하면 　　　이 된다.

34 제시된 그림을 시계 방향으로 45° 회전하면 　　　이고, 이를 상하반전하면 　　　이 된다.

35 제시된 그림을 상하반전하면 　　　이고, 이를 시계 방향으로 270° 회전하면 　　　이 된다.

36 제시된 그림을 상하반전하면 　　　이고, 이를 시계 반대 방향으로 90° 회전하면 　　　이 된다.

37 제시된 그림을 좌우반전하면 　　　이고, 이를 180° 회전하면 　　　이 된다.

38 제시된 그림을 시계 방향으로 90° 회전하면 　　　이고, 이를 상하반전하면 　　　이 된다.

39 제시된 그림을 시계 방향으로 270° 회전하면 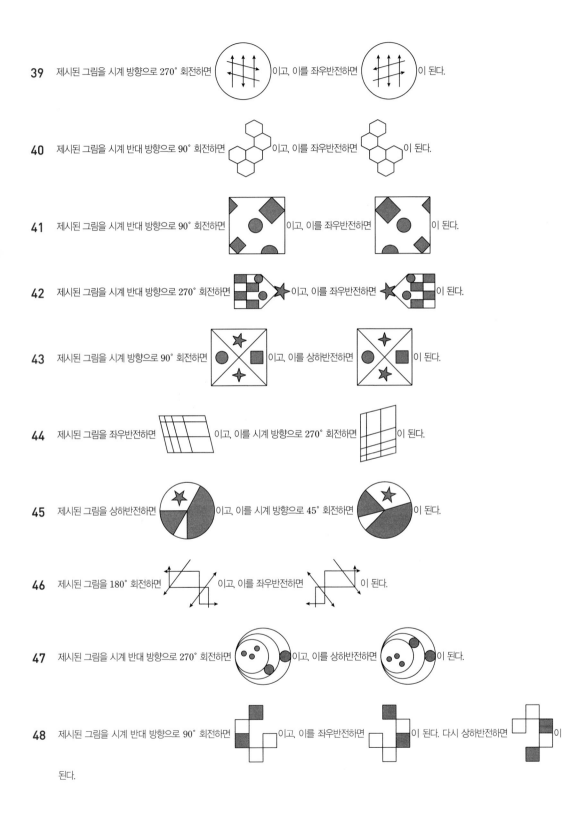 이고, 이를 좌우반전하면 이 된다.

40 제시된 그림을 시계 반대 방향으로 90° 회전하면 이고, 이를 좌우반전하면 이 된다.

41 제시된 그림을 시계 반대 방향으로 90° 회전하면 이고, 이를 좌우반전하면 이 된다.

42 제시된 그림을 시계 반대 방향으로 270° 회전하면 이고, 이를 좌우반전하면 이 된다.

43 제시된 그림을 시계 방향으로 90° 회전하면 이고, 이를 상하반전하면 이 된다.

44 제시된 그림을 좌우반전하면 이고, 이를 시계 방향으로 270° 회전하면 이 된다.

45 제시된 그림을 상하반전하면 이고, 이를 시계 방향으로 45° 회전하면 이 된다.

46 제시된 그림을 180° 회전하면 이고, 이를 좌우반전하면 이 된다.

47 제시된 그림을 시계 반대 방향으로 270° 회전하면 이고, 이를 상하반전하면 이 된다.

48 제시된 그림을 시계 반대 방향으로 90° 회전하면 이고, 이를 좌우반전하면 이 된다. 다시 상하반전하면 이

된다.

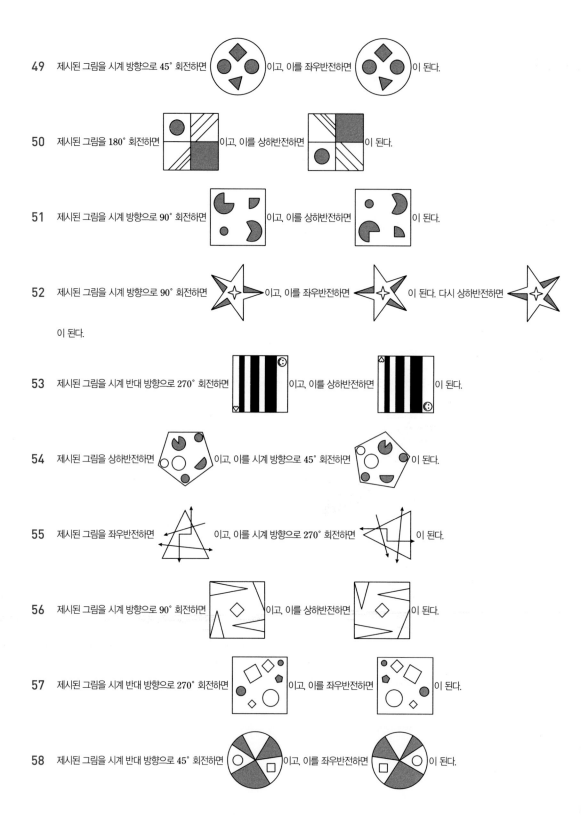

49 제시된 그림을 시계 방향으로 45° 회전하면　　　　이고, 이를 좌우반전하면　　　　이 된다.

50 제시된 그림을 180° 회전하면　　　　이고, 이를 상하반전하면　　　　이 된다.

51 제시된 그림을 시계 방향으로 90° 회전하면　　　　이고, 이를 상하반전하면　　　　이 된다.

52 제시된 그림을 시계 방향으로 90° 회전하면　　　　이고, 이를 좌우반전하면　　　　이 된다. 다시 상하반전하면

이 된다.

53 제시된 그림을 시계 반대 방향으로 270° 회전하면　　　　이고, 이를 상하반전하면　　　　이 된다.

54 제시된 그림을 상하반전하면　　　　이고, 이를 시계 방향으로 45° 회전하면　　　　이 된다.

55 제시된 그림을 좌우반전하면　　　　이고, 이를 시계 방향으로 270° 회전하면　　　　이 된다.

56 제시된 그림을 시계 방향으로 90° 회전하면　　　　이고, 이를 상하반전하면　　　　이 된다.

57 제시된 그림을 시계 반대 방향으로 270° 회전하면　　　　이고, 이를 좌우반전하면　　　　이 된다.

58 제시된 그림을 시계 반대 방향으로 45° 회전하면　　　　이고, 이를 좌우반전하면　　　　이 된다.

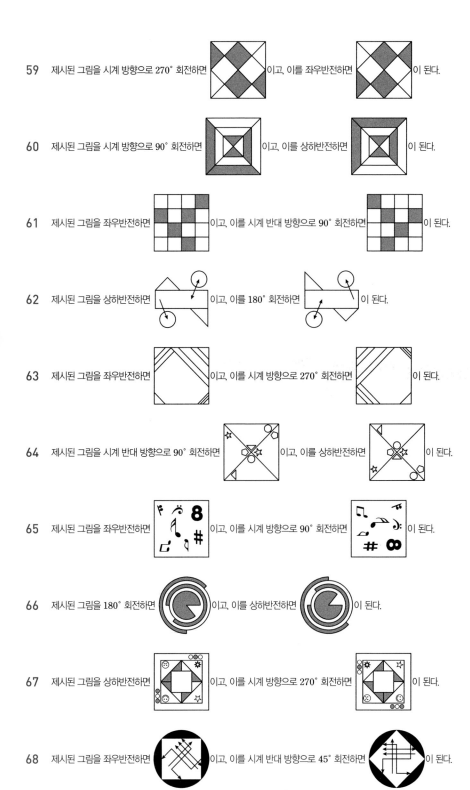

59 제시된 그림을 시계 방향으로 270° 회전하면 　　　　이고, 이를 좌우반전하면 　　　　이 된다.

60 제시된 그림을 시계 방향으로 90° 회전하면 　　　　이고, 이를 상하반전하면 　　　　이 된다.

61 제시된 그림을 좌우반전하면 　　　　이고, 이를 시계 반대 방향으로 90° 회전하면 　　　　이 된다.

62 제시된 그림을 상하반전하면 　　　　이고, 이를 180° 회전하면 　　　　이 된다.

63 제시된 그림을 좌우반전하면 　　　　이고, 이를 시계 방향으로 270° 회전하면 　　　　이 된다.

64 제시된 그림을 시계 반대 방향으로 90° 회전하면 　　　　이고, 이를 상하반전하면 　　　　이 된다.

65 제시된 그림을 좌우반전하면 　　　　이고, 이를 시계 방향으로 90° 회전하면 　　　　이 된다.

66 제시된 그림을 180° 회전하면 　　　　이고, 이를 상하반전하면 　　　　이 된다.

67 제시된 그림을 상하반전하면 　　　　이고, 이를 시계 방향으로 270° 회전하면 　　　　이 된다.

68 제시된 그림을 좌우반전하면 　　　　이고, 이를 시계 반대 방향으로 45° 회전하면 　　　　이 된다.

69 제시된 그림을 시계 반대 방향으로 90° 회전하면 이고, 이를 상하반전하면  이 된다. 다시 좌우반전하면

 이 된다.

70 제시된 그림을 좌우반전하면 이고, 이를 180° 회전하면 이 된다.

05 순서추론 영역

본문 142p

┃ 정답

01. ①	02. ②	03. ①	04. ②	05. ④	06. ①	07. ②	08. ①	09. ②	10. ③	11. ②	12. ②	13. ①	14. ③	15. ④
16. ②	17. ③	18. ①	19. ①	20. ②	21. ①	22. ③	23. ①	24. ③	25. ③	26. ②	27. ④	28. ④	29. ②	30. ①
31. ①	32. ②	33. ③	34. ①	35. ②	36. ④	37. ③	38. ①	39. ②	40. ③	41. ③	42. ④	43. ①	44. ②	45. ①
46. ①	47. ③	48. ③	49. ①	50. ④										

┃ 해설

01 ■은 첫 번째로 제시되어 있다.

02 ▼은 세 번째로 제시되어 있다.

03 ◎은 여섯 번째로 제시되어 있다.

04 ＝은 일곱 번째로 제시되어 있다.

05 ◇은 열 번째로 제시되어 있다.

06 ⊙은 첫 번째로 제시되어 있다.

07 ◇은 세 번째로 제시되어 있다.

08   ◐은 여섯 번째로 제시되어 있다.

09   ☎은 다섯 번째로 제시되어 있다.

10   ▨은 아홉 번째로 제시되어 있다.

11   ★은 두 번째로 제시되어 있다.

12   ▤은 세 번째로 제시되어 있다.

13   ▣은 다섯 번째로 제시되어 있다.

14   ⁑은 아홉 번째로 제시되어 있다.

15   ∞은 열 번째로 제시되어 있다.

16   ■은 두 번째로 제시되어 있다.

17   ♭은 네 번째로 제시되어 있다.

18   □은 다섯 번째로 제시되어 있다.

19   ¤은 여섯 번째로 제시되어 있다.

20   ☆은 여덟 번째로 제시되어 있다.

21   ◐은 열 번째로 제시되어 있다.

22   ○은 네 번째로 제시되어 있다.

23   †은 세 번째로 제시되어 있다.

24   ♂은 여덟 번째로 제시되어 있다.

25   ◇은 아홉 번째로 제시되어 있다.

26   ▣은 여섯 번째로 제시되어 있다.

27   ✽은 아홉 번째로 제시되어 있다.

28   ▤은 열 번째로 제시되어 있다.

29   ※은 두 번째로 제시되어 있다.

30   ®은 첫 번째로 제시되어 있다.

31   ∀은 첫 번째로 제시되어 있다.

32   ◐은 두 번째로 제시되어 있다.

33   ◈은 세 번째로 제시되어 있다.

34   ♀은 다섯 번째로 제시되어 있다.

35   ▽은 아홉 번째로 제시되어 있다.

36	§은 다섯 번째로 제시되어 있다.
37	♀은 세 번째로 제시되어 있다.
38	∴은 첫 번째로 제시되어 있다.
39	☻은 아홉 번째로 제시되어 있다.
40	●은 여덟 번째로 제시되어 있다.
41	♀은 네 번째로 제시되어 있다.
42	♂은 다섯 번째로 제시되어 있다.
43	#은 첫 번째로 제시되어 있다.
44	♫은 아홉 번째로 제시되어 있다.
45	Σ은 열 번째로 제시되어 있다.
46	■은 두 번째로 제시되어 있다.
47	□은 네 번째로 제시되어 있다.
48	¤은 다섯 번째로 제시되어 있다.
49	◆은 여섯 번째로 제시되어 있다.
50	※은 열 번째로 제시되어 있다.

06 유추추론 영역

본문 155p

정답

01. ③ 02. ② 03. ③ 04. ④ 05. ③ 06. ③ 07. ③ 08. ③ 09. ③ 10. ② 11. ① 12. ① 13. ② 14. ④ 15. ②

16. ③ 17. ① 18. ② 19. ① 20. ② 21. ③ 22. ④ 23. ② 24. ① 25. ④ 26. ③ 27. ③ 28. ④ 29. ① 30. ①

31. ④ 32. ② 33. ① 34. ④ 35. ③ 36. ② 37. ④ 38. ① 39. ② 40. ① 41. ① 42. ③ 43. ② 44. ② 45. ③

46. ② 47. ① 48. ④ 49. ③ 50. ② 51. ② 52. ① 53. ① 54. ① 55. ④ 56. ① 57. ② 58. ① 59. ① 60. ④

61. ② 62. ④ 63. ② 64. ③ 65. ② 66. ③ 67. ① 68. ② 69. ① 70. ③

│ 해설

01 앞의 두 항의 합이 다음 항이 된다. 이를 피보나치수열이라 한다.

핵심정리
수열의 종류 ㉠ 등차수열 : 차례대로 일정한 수를 더하여 만든 수열 ㉡ 등비수열 : 차례대로 일정한 수를 곱하여 만든 수열 ㉢ 피보나치수열 : 앞의 두 항의 합이 그 다음 항이 되는 수열 ㉣ 군수열 : 몇 개 항씩 묶어서 무리지어 생각하면 규칙성이 더 뚜렷하게 나타나고 공식화하기 쉬운 수열 ㉤ 건너뛰기 수열 : 짝수 항은 짝수 항끼리, 홀수 항은 홀수 항끼리 규칙성을 보이는 수열

02 앞의 항에 2씩 더하는 등차수열이다.

03 앞의 항에 3씩 곱하는 등비수열이다.

04 나열된 숫자들에 적용된 규칙은 다음과 같다. $7+5^2=32$, $32+4^2=48$, $48+3^2=57$, $57+2^2=61$, $61+(1)^2=62$. 따라서 빈칸에 들어갈 숫자는 62이다.

05 밑줄 친 부분은 'A B C → A×B+7=C'와 같은 규칙이 있다. 따라서 $6×(\ )+7=55$이므로 ( ) 안에는 8이 들어가야 한다.

06 2와 4를 반복하여 더하는 규칙을 가지고 있는 수열이다. 따라서 괄호 안에 들어갈 숫자는 17이다.

07

0	→	2	→	8	→	14	→	112	→	( )
	+2		×4		+6		×8		+10	

이 수열은 위와 같은 규칙을 가지고 있다. 따라서 다음에 122가 온다.

08 앞의 항에 3씩 곱하여 증가하는 수열임을 알 수 있다. 따라서 괄호 안에 들어갈 알맞은 수는 $72×3=216$이다.

09 나열된 수를 살펴보면 $\frac{1}{2}×4=2$, $2×4=8$로 4씩 곱하고 있다. 따라서 빈칸에 들어갈 수는 $8×4=32$이다.

10 다음 항의 수는 바로 앞의 항에 2배한 후 1을 뺀 값과 같다. 즉 '$13=7×2-1$'이며, '$25=13×2-1$'이다. 따라서 ( )$=49×2-1=97$이 된다.

11 홀수 번째 숫자를 나열하면 1, 4, 13, 40, 121, 364이다. 여기서 다음의 수는 바로 앞의 수를 3배한 후에 1을 더한 값이 된다. 즉 '$4=1×3+1$'이며, '$13=4×3+1$', '$40=13×3+1$'이 된다. 짝수 번째 숫자를 나열하면 3, 8, 18, 38, ( )이다. 여기서 다음의 수는 바로 앞의 수를 2배한 후에 2를 더한 값이 된다. 즉 '$8=3×2+2$'이며, '$18=8×2+2$', '$38=18×2+2$'가 된다. 따라서 ( )$=38×2+2=78$이다.

12 앞의 항에 1, 2, 3, 4, 5 … 처럼 일정하게 1씩 커지는 수를 더한 수열이다.

13 홀수 항은 3씩 커지고 있고, 짝수 항은 6씩 커지고 있음을 알 수 있다.

14 밑줄 친 부분은 'A B C → A×B=C'와 같은 규칙이 있다. 따라서 $3×8$이므로 24가 된다.

15 앞의 항과 뒤의 항을 더하면 다음 항이 되는 수열이다. 따라서 다음에 오는 항은 1이 된다.

16 앞의 항에 0.5, 1, 1.5, 2… 처럼 일정하게 0.5씩 커지는 수를 더한 수열이다. 따라서 ( )는 앞의 항에 2.5를 더한 10.5가 된다.

17 홀수 항은 1씩 더하고, 짝수 항은 2씩 더하는 수열이다. 따라서 ( ) 안에는 5가 온다.

18 홀수 항은 3씩 곱하고, 짝수 항은 −3씩 곱하는 수열이다. 따라서 ( ) 안에는 −54가 들어가야 한다.

19 앞의 항에 −6씩 곱하는 수열이다.

20 밑줄 친 부분은 'A B C → A×B=C'와 같은 규칙이 있다. 따라서 −5×6이므로 −30이 된다.

21 밑줄 친 부분은 'A B C → A+B−1=C'와 같은 규칙이 있다. 따라서 7+10−1이므로 16이 된다.

22 밑줄 친 부분은 'A B C → A×B+1=C'와 같은 규칙이 있다. 따라서 5×6+1이므로 31이 된다.

23 나열된 수를 살펴보면 $\frac{1}{4}×4=1$, 16×4=64로 4씩 곱하고 있음을 알 수 있다. 따라서 빈칸에 들어갈 수는 1×4=40이다.

24 앞의 항에 각각 2, 3, 5, 7, 11 ⋯ 의 소수를 더하는 수열임을 알 수 있다. 따라서 다음 항에는 13을 더한 42가 온다.

25 홀수 항은 5씩 더하고, 짝수 항은 5씩 곱하는 수열이다. 따라서 ( ) 안에는 500이 온다.

26 앞의 두 항의 합이 다음 항이 되는 피보나치 수열이다. 따라서 괄호 안에 들어갈 알맞은 수는 55이다.

27 앞의 항에 1, 2, 3, 4, 5 ⋯ 처럼 일정하게 1씩 커지는 수를 더한 수열이다. 따라서 괄호 안에 들어갈 알맞은 수는 앞의 항에 7을 더한 36이다.

28 앞의 항에 4씩 곱하는 등비수열이다.

29 밑줄 친 부분은 'A B C → A×B+5=C'와 같은 규칙이 있다. 따라서 5×( )+5=35이므로 ( )=6이 된다.

30 1과 3을 반복하여 더하는 규칙을 가지고 있는 수열이다. 따라서 괄호 안에 들어갈 숫자는 32이다.

31 홀수 항은 3씩 커지고 있고, 짝수 항은 7씩 커지고 있음을 알 수 있다.

32 밑줄 친 부분은 'A B C → A+B−3=C'와 같은 규칙이 있다. 따라서 9+10−3이므로 16이 된다.

33 나열된 수를 살펴보면 $\frac{1}{32}×8=\frac{1}{4}$, $\frac{1}{4}×8=2$로 8씩 곱하고 있음을 알 수 있다. 따라서 빈칸에 들어갈 수는 16×8=128이다.

34 다음 항의 수는 바로 앞의 항에 3배한 후 10을 뺀 값과 같다. 따라서 ( )=32×3−10, 즉 86이 된다.

35 홀수 항은 −2씩 곱하고, 짝수 항은 2씩 곱하는 수열이다. 따라서 ( ) 안에는 16이 들어가야 한다.

36

ㄱ	ㄷ	ㅁ	ㅅ	(ㅈ)
1	3	5	7	9

앞의 항에 2씩 더하는 수열이다.

핵심정리

문자 추론 대응표

문자가 나열된 수열을 풀 때에는 알파벳 또는 한글의 자음 · 모음을 순서대로 숫자에 대응하여 해결하여야 한다. 이를 표로 나타내어 보면 다음과 같다.

1	2	3	4	5	6	7	8	9	10	11	12	13
A	B	C	D	E	F	G	H	I	J	K	L	M
ㄱ	ㄴ	ㄷ	ㄹ	ㅁ	ㅂ	ㅅ	ㅇ	ㅈ	ㅊ	ㅋ	ㅌ	ㅍ
ㅏ	ㅑ	ㅓ	ㅕ	ㅗ	ㅛ	ㅜ	ㅠ	ㅡ	ㅣ			

14	15	16	17	18	19	20	21	22	23	24	25	26
N	O	P	Q	R	S	T	U	V	W	X	Y	Z
ㅎ												

37

F	G	I	L	(P)	U
6	7	9	12	16	21

앞의 항에 1, 2, 3, 4, 5씩 더하는 수열이다.

38

I	N	H	(O)	T	N	U
9	14	8	15	20	14	21

'+5, −6, +7'이 반복되는 수열이다.

39

C	E	H	M	(T)
3	5	8	13	20

이전 항에 소수 2, 3, 5, 7을 더한 수열이다.

40

나	바	라	아	바	(차)
2	6	4	8	6	10

'+4, −2'가 반복되는 수열이다.

41

B	ㄷ	ㅗ	(ㅅ)	K
2	3	5	7	11

각 문자는 소수에 대응하고 있다.

42

A	D	G	(J)	M
1	4	7	10	13

이전 항에 3씩 더하는 수열이다.

43

Z	V	R	N	J	F	(B)
26	22	18	14	10	6	2

이전 항에서 4씩 빼는 수열이다.

44

O	K	N	J	M	(I)
15	11	14	10	13	9

'−4, +3'이 반복되는 수열이다.

45

ㅅ	ㅂ	ㅇ	ㅁ	(ㅈ)
7	6	8	5	9

'−1, +2, −3, +4'의 구조를 가지는 수열이다.

46

ㄹ	ㅁ	ㅅ	ㅇ	ㅊ	ㅋ	(ㅍ)
4	5	7	8	10	11	13

'+1, +2'가 반복되는 수열이다.

47

가	가	나	다	마	(아)	파
1	1	2	3	5	8	13

앞의 두 항을 더한 값이 다음 항이 되는 수열이다.

48

Q	T	N	Q	K	(N)
17	20	14	17	11	14

'+3, −6'이 반복되는 수열이다.

49

L	K	I	F	(B)
12	11	9	6	2

'−1, −2, −3, −4'의 구조를 가지는 수열이다.

50

나	다	마	아	(타)	다	자
2	3	5	8	12	17(14+3)	23(14+9)

1, 2, 3, 4, 5, 6씩 더하는 수열이다. 이때 '하(14)' 이후로 다시 '가(1)'부터 반복된다.

51

ㄱ	C	ㅁ	G	(ㅈ)	K
1	3	5	7	9	11

이전 항에 2씩 더하는 수열이다.

52

(B)	D	G	K	P	V
2	4	7	11	16	22

앞의 항에 2, 3, 4, 5, 6씩 더하는 수열이다.

53

A	D	H	M	S	(Z)
1	4	8	13	19	26

앞의 항에 3, 4, 5, 6, 7씩 더하는 수열이다.

54

ㅑ	iv	ㅛ	viii	(ㅣ)
2	4	6	8	10

이전 항에 2씩 더한 수열이다.

55

F	G	I	L	M	O	(R)
6	7	9	12	13	15	18

'+1, +2, +3'이 반복되는 수열이다.

56

二	E	三	F	(四)	G
2	5	3	6	4	7

'+3, −2'가 반복되는 수열이다.

57

A	B	F	L	J	T
1	2	6	12	36(26+10)	72(52+20)

'×2, ×3'이 반복되는 수열이다.

58

A	B	D	H	J	T	(V)
1	2	4	8	10	20	22

'×2, +2'가 반복되는 수열이다.

59

A	B	C	E	H	M	(U)
1	2	3	5	8	13	21

앞의 두 항을 더한 값이 다음 항이 되는 수열이다.

60

ㅁ	ㅊ	ㅁ	ㅈ	ㅁ	ㅇ	ㅁ	(ㅅ)
5	10	5	9	5	8	5	7

홀수 항은 5를 유지하고 짝수 항은 1씩 줄어드는 수열이다.

61

ㄱ	ㅁ	ㅈ	ㅍ	(ㄷ)
1	5	9	13	17(14+3)

앞의 항에 4씩 더하는 수열이다. 이때 'ㅎ(14)' 이후로 다시 'ㄱ'부터 반복된다.

62

A	B	D	G	K	(P)
1	2	4	7	11	16

앞의 항에 1, 2, 3, 4, 5씩 더하는 수열이다.

63

G	I	L	Q	(X)	I
7	9	12	17	24	35(26+9)

앞의 항에 소수 2, 3, 5, 7, 11을 더한 수열이다. 이때 'Z(26)' 이후로 다시 'A'부터 반복된다.

64

마	아	사	차	자	(타)
5	8	7	10	9	12

'+3, −1'이 반복되는 수열이다.

65

Y	V	S	(P)	M	J	G
25	22	19	16	13	10	7

이전 항에서 3씩 빼는 수열이다.

66

ㅊ	ㅈ	ㅋ	ㅇ	(ㅌ)
10	9	11	8	12

'−1, +2, −3, +4'의 구조를 가지는 수열이다.

67

C	D	G	K	R	C	(U)
3	4	7	11	18	29(26+3)	47(26+21)

앞의 두 항을 더한 값이 다음 항이 되는 수열이다. 이때 'Z(26)' 이후로 다시 'A'부터 반복된다.

68

C	ㄹ	F	ㅈ	M	(ㄹ)	X
3	4	6	9	13	18(14+4)	24

1, 2, 3, 4, 5, 6씩 더하는 수열이다. 이때 'ㅎ(14)' 이후로 다시 'ㄱ'부터 반복된다.

69

ㄷ	ㅂ	ㄹ	ㅇ	ㅂ	ㅌ	(ㅊ)
3	6	4	8	6	12	10

'×2, −2'가 반복되는 수열이다.

70

	C	T	C	U	C	(V)	C	W
	3	20	3	21	3	22	3	23

홀수 항은 3을 유지하고 짝수 항은 1씩 더하는 수열이다.

07 신체반응 영역

▌정답

01. ② 02. ① 03. ① 04. ② 05. ④ 06. ④ 07. ② 08. ② 09. ① 10. ④ 11. ① 12. ① 13. ③ 14. ③ 15. ③

16. ④ 17. ② 18. ③ 19. ③ 20. ④ 21. ② 22. ④ 23. ① 24. ② 25. ① 26. ① 27. ① 28. ② 29. ① 30. ④

31. ④ 32. ① 33. ② 34. ① 35. ① 36. ② 37. ① 38. ① 39. ① 40. ④ 41. ③ 42. ③ 43. ④ 44. ② 45. ②

46. ① 47. ② 48. ③ 49. ③ 50. ④ 51. ② 52. ① 53. ④ 54. ④ 55. ① 56. ① 57. ② 58. ① 59. ③ 60. ④

61. ① 62. ② 63. ③ 64. ② 65. ③ 66. ③ 67. ④ 68. ① 69. ③ 70. ②

▌해설

01 제시된 조건에 따르면 △＝▼▼＝□□이므로 '?'에 들어갈 문자는 □□이다.

02 제시된 조건에 따르면 △＝▼▼＝○이므로 '?'에 들어갈 문자는 ○이다.

03 제시된 조건에 따르면 ■■＝□＝○이므로 '?'에 들어갈 문자는 ■■이다.

04 제시된 조건에 따르면 □＝▽＝■■이므로 □□＝▽▽＝■■■■＝▽■■이다.

05 제시된 조건에 따르면 ▥▫＝▥▥＝▤▤▤▤이므로 '?'에 들어갈 문자는 ▤▤▤▤이다.

06 제시된 조건에 따르면 □＝▥▥＝▤▤▤▤이므로 '?'에 들어갈 문자는 ▤▤▤▤이다.

07 제시된 조건에 따르면 §§＝∨∨∨∨＝¿¿¿¿, §＝∨∨＝¿¿이므로 '?'에 들어갈 문자는 ∨∨¿¿이다.

08 제시된 조건에 따르면 §＝∨∨＝☆☆☆☆＝☆☆∨이므로 '?'에 들어갈 문자는 ☆☆∨이다.

09 제시된 조건에 따르면 →＝↑↑＝↓이므로 '?'에 들어갈 문자는 ↓이다.

10 제시된 조건에 따르면 ↓＝↑↑＝←←←←이므로 '?'에 들어갈 문자는 ←←←←이다.

11 제시된 조건에 따르면 ☎＝◎◎, ☎＝◉◎◉이므로 ◎＝◉◉이 성립한다. 따라서 '?'에 들어갈 문자는 ◉이다.

12 제시된 조건에 따르면 ☎＝◎◎＝◇이므로 '?'에 들어갈 문자는 ◇이다.

13　제시된 조건에 따르면 ■□＝□□＝◆◇◆◇이므로 '?'에 들어갈 문자는 ◆◇◆◇이다.

14　제시된 조건에 따르면 ○○○○＝□□＝◆◇◆◇이므로 '?'에 들어갈 문자는 ◆◇◆◇이다.

15　제시된 조건에 따르면 ♡♡＝♥♥♥♥＝○○○○, ○○＝♥♥＝♡이므로 '?'에 들어갈 문자는 ♥♥○○이다.

16　제시된 조건에 따르면 ♡＝♥♥＝●●●●＝♥●●이므로 '?'에 들어갈 문자는 ♥●●이다.

17　제시된 조건에 따르면 ✿✿＝⌘＝××이므로 '?'에 들어갈 문자는 ××이다.

18　제시된 조건에 따르면 ✿✿＝⌘, ✿☆＝⌘⌘⌘⌘이므로 ✿✿＋☆＝⌘＋⌘⌘이다. 즉 '?'에 들어갈 문자는 ⌘⌘⌘임을 알 수 있다.

19　제시된 조건에 따르면 ●＝◎◎＝◆◆이므로 '?'에 들어갈 문자는 ◆◆이다.

20　제시된 조건에 따르면 ●●＝◎◎◎◎＝☆☆, ☆＝◎◎이므로 ●●＝☆◎◎, ◎◎☆와 같다.

21　제시된 조건에 따르면 ○＝★★＝☆이므로 '?'에 들어갈 문자는 ☆이다.

22　제시된 조건에 따르면 ☆＝★★＝□□□□이므로 '?'에 들어갈 문자는 □□□□이다.

23　제시된 조건에 따르면 ●●＝○○○○＝○○♣♣＝●♣♣이므로 '?'에 들어갈 문자는 ●♣♣이다.

24　제시된 조건에 따르면 ○○＝●＝◗◑이므로 '?'에 들어갈 문자는 ◗◑이다.

25　제시된 조건에 따르면 ◈＝∀∀, ◈＝♀♀이므로 ∀＝♀이 성립한다. 따라서 '?'에 들어갈 문자는 ♀이다.

26　제시된 조건에 따르면 ◈＝∀∀＝□이므로 '?'에 들어갈 문자는 □이다.

27　제시된 조건에 따르면 ♩＝●●, ♩＝♣♣이므로 ●＝♣이 성립한다. 따라서 '?'에 들어갈 문자는 ♣이다.

28　제시된 조건에 따르면 ♩＝●●＝♫♫이므로 '?'에 들어갈 문자는 ♫♫이다.

29　제시된 조건에 따르면 ▷＝ㄱㄱ＝♡이므로 '?'에 들어갈 문자는 ♡이다.

30　제시된 조건에 따르면 ♡＝ㄱㄱ＝ㅎㅎㅎㅎ이므로 '?'에 들어갈 문자는 ㅎㅎㅎㅎ이다.

31　제시된 조건에 따르면 ▶＝▷▷＝☞☞☞☞이므로 '?'에 들어갈 문자는 ☞☞☞☞이다.

32　제시된 조건에 따르면 ▶＝☬＝▷▷이므로 ▶▶＝☬☬＝▷▷▷▷＝☬▷▷이다.

33　제시된 조건에 따르면 ＝＝◆◆＝□□이므로 '?'에 들어갈 문자는 □□이다.

34　제시된 조건에 따르면 ＝＝◆◆＝◇이므로 '?'에 들어갈 문자는 ◇이다.

35　제시된 조건에 따르면 ☬＝◓◒＝●이므로 '?'에 들어갈 문자는 ●이다.

36　제시된 조건에 따르면 ●＝◓◒＝★★이므로 '?'에 들어갈 문자는 ★★이다.

37　제시된 조건에 따르면 ∴＝♨♨, ∴＝▣▣이므로 ♨＝▣이 성립한다. 따라서 '?'에 들어갈 문자는 ▣이다.

38　제시된 조건에 따르면 ∴＝♨♨＝ㅋ이므로 '?'에 들어갈 문자는 ㅋ이다.

39　제시된 조건에 따르면 ㉮＝㉯㉯＝㉲㉲이므로 '?'에 들어갈 문자는 ㉲㉲이다.

40　제시된 조건에 따르면 ㉮＝㉯㉯＝㉰이므로 '?'에 들어갈 문자는 ㉰이다.

41 제시된 조건에 따르면 ♀♀=Ω=∞이므로 '?'에 들어갈 문자는 ∞이다.

42 제시된 조건에 따르면 ♀♀=Ω=♂♂이므로 '?'에 들어갈 문자는 ♂♂이다.

43 제시된 조건에 따르면 ㅊ=AA=ㅅㅅㅅㅅ이므로 '?'에 들어갈 문자는 ㅅㅅㅅㅅ이다.

44 제시된 조건에 따르면 A=ㅅㅅ=PPPP, PP=ㅅ이므로 '?'에 들어갈 문자는 PPㅅ이다.

45 제시된 조건에 따르면 OO=CCCC=AA이므로 '?'에 들어갈 문자는 AA이다.

46 제시된 조건에 따르면 A=CC=S이므로 '?'에 들어갈 문자는 S이다.

47 제시된 조건에 따르면 ==∫∫=ᴈᴈ이므로 '?'에 들어갈 문자는 ᴈᴈ이다.

48 제시된 조건에 따르면 ==∫∫=●이므로 '?'에 들어갈 문자는 ●이다.

49 제시된 조건에 따르면 ♡♡=❋❋❋❋=♥♥♥♥, ♥♥=❋❋=♡이므로 '?'에 들어갈 문자는 ❋❋♥♥이다.

50 제시된 조건에 따르면 ♡=❋❋=ΣΣΣΣ, ❋=ΣΣ이므로 '?'에 들어갈 문자는 ΣΣ❋이다.

51 제시된 조건에 따르면 ♣=◆◈=□□이므로 '?'에 들어갈 문자는 □□이다.

52 제시된 조건에 따르면 ♣=◆◈=❇이므로 '?'에 들어갈 문자는 ❇이다.

53 제시된 조건에 따르면 ◆□=◆◆=◇◇◇◇이므로 '?'에 들어갈 문자는 ◇◇◇◇이다.

54 제시된 조건에 따르면 ▽=◆◆=◇◇◇◇이므로 '?'에 들어갈 문자는 ◇◇◇◇이다.

55 제시된 조건에 따르면 ☆=♪♪, ☆=☀☀이므로 ♪=☀이 성립한다. 따라서 '?'에 들어갈 문자는 ☀이다.

56 제시된 조건에 따르면 ☆=♪♪=⊙이므로 '?'에 들어갈 문자는 ⊙이다.

57 제시된 조건에 따르면 ▦▦=□=♣♣이므로 '?'에 들어갈 문자는 ♣♣이다.

58 제시된 조건에 따르면 ▦▦=□, □=□□이므로 □−▦▦=□□−□이다. 즉 '?'에 들어갈 문자는 □임을 알 수 있다.

59 제시된 조건에 따르면 ○○=◑◑◑◑=●●●●, ●●=◑◑=○이므로 '?'에 들어갈 문자는 ◑◑●●이다.

60 제시된 조건에 따르면 ○=◑◑=△△△△, ◢=△△이므로 '?'에 들어갈 문자는 △△◢이다.

61 제시된 조건에 따르면 ◐=■■, ◐=◎◎이므로 ■=◎이 성립한다. 따라서 '?'에 들어갈 문자는 ◎이다.

62 제시된 조건에 따르면 ◐◐=■■■■=♤♤이므로 '?'에 들어갈 문자는 ♤♤이다.

63 제시된 조건에 따르면 ●●=♬♬♬♬♬♬=▷▷▷이므로 '?'에 들어갈 문자는 ▷▷▷이다.

64 제시된 조건에 따르면 ▷▷=♬♬♬♬=●●이므로 '?'에 들어갈 문자는 ●●이다.

65 제시된 조건에 따르면 ¤=⋮⋮⋮=◆◆◆이므로 '?'에 들어갈 문자는 ◆◆◆이다.

66 제시된 조건에 따르면 ¤¤=⋮⋮⋮⋮⋮⋮=∵∵∵이므로 '?'에 들어갈 문자는 ∵∵∵이다.

67 제시된 조건에 따르면 ✖=❖❖=☆☆☆☆이므로 '?'에 들어갈 문자는 ☆☆☆☆이다.

68 제시된 조건에 따르면 ✖=✚=❖❖이므로 ✖✖=✚✚=❖❖❖❖=✚❖❖이다.

69　제시된 조건에 따르면 ○○○＝▜＝★이므로 '?'에 들어갈 문자는 ★이다.

70　제시된 조건에 따르면 ○○○＝▜＝●●이므로 '?'에 들어갈 문자는 ●●이다.

A discovery is said to be an accident meeting a prepared mind.

발견은 준비된 사람이 맞닥뜨린 우연이다.

— 알버트 센트 디외르디(Albert Szent-Gyorgyi)

The future depends on what we do in the present.

미래는 현재 우리가 무엇을 하는가에 달려 있다.

— 마하트마 간디 Mahatma Gandhi

Try not to become a man of success but rather try to become a man of value.

성공한 사람이 아니라 가치있는 사람이 되기 위해 힘쓰라.

– 알버트 아인슈타인 Albert Einstein

I hear and I forget. I see and I remember. I do and I understand.

들은 것은 잊어버리고, 본 것은 기억하고 직접 해본 것은 이해한다.

– 공자 Confucius